発達障害と向き合う

竹内吉和

幻冬舎ルネッサンス新書
059

はじめに

発達障害のあるお子さんを育てているお母さんから、「子どもに振り回されるのに嫌気がさして、子どもに優しくしようと思ってもできない」という声がたくさん聞かれます。そんなことを言うなんてひどい母親だと思う方もいらっしゃるかもしれませんが、どのお母さんも人間愛に満ちた優しさをあふれんばかりに持ち合わせ、一生懸命子育てに取り組んでいるお母さん方です。

そういうお母さんほど強く悩んでいます。あるお母さんが私に言った、

「子どもを殺して自分も死のうと思いました」

という一言が私の脳裏を離れません。

子どもの発達障害に悩み、私のところに相談に来るお母さん方の顔を見ていると、走馬灯のようにこの言葉が駆け巡ります。

発達障害に向き合うとはどういうことなのか。お母さん方が優しさを取り戻すにはどうした

らいいのか。

私が発達障害や特別支援教育について講演をするようになって、10年を迎えました。特別支援教育とは、従来知的な遅れや目が不自由な子どもたちなどを対象にしてきた障害児教育に加えて、「知的発達に遅れがないものの、学習や行動、社会生活面で困難を抱えている児童生徒」にもきちんと対応していこうという教育です。すなわち、気になる子どもたちすべてにきちんと対応していこうという教育です。

講演依頼は、年を追うごとに件数が増えており、2010年は年間68件も講演をしていました。小規模小学校の10人程度の教職員対象のものから、500人を超える一般市民対象のものまでさまざまです。

最初は、小・中学校の教職員対象の学校ごとの校内研修会で講師をすることが多かったのですが、そこに幼稚園、保育園、そして高等学校が加わり、さらに公民館の母親学級やPTAの保護者対象の講演会が加わり、最近では、病院の看護師対象であったり、銀行の窓口業務担当者対象の講演会もあったりします。2011年6月には、広島県警察学校で少年育成官対象に行いました。

これは、私が従来の障害児教育で論議されていた内容をはるかに超えて、発達障害児はもとより発達障害と診断されなくても認知機能に凹凸《おうとつ》のある子どもの教育についても対象としており、さらに子どもだけでなく我々大人も含めたコミュニケーションや感情のコントロールといった、人間が社会で生きていく上において最も重要であり基礎的な内容を徹底して論議していくからであるととらえています。

そのため、児童生徒一人ひとりの教育的ニーズを把握して、適切な教育的支援を行う必要があります。

ここで、単に教育とせず、教育的支援としているのは、障害のある児童生徒については、教育機関が教育を行う際に、教育機関のみならず、福祉、医療、労働などのさまざまな関係機関との連携・協力が必要だからです。

また、私への依頼例からも分かるように、現在、小・中学校さらに高等学校において通常の学級に在籍するＬＤ（学習障害）、ＡＤＨＤ（注意欠陥多動性障害）、知的に遅れのない自閉症（高機能自閉症）などの児童生徒に対する指導及び支援は、喫緊《きっきん》の課題となっているのです。

また私は、これらＬＤ、ＡＤＨＤ、高機能自閉症などの児童生徒への指導は、私たち大人を含めてすべての人間が学び、関わり合うやすべての幼児・児童生徒への指導は、私たち大人を含めてすべての人間が学び、関わり合うための基礎といえるコミュニケーション力を考える上で必須の知識であることをいろいろな場で訴えています。

例えば、「なぜあの人は、友人がうまくできないのだろうか」「なぜ自分は、友達をつくるのが苦手なのだろうか」、さらに「なぜあの人は、まじめなのに勉強ができないのだろう」「なぜあの人は、仕事がうまくこなせないのだろう」と疑問を感じ、解決の手立てが見つからずに悩み続けている大人たちは数多くいます。

私は、そういった生きづらさを感じているたくさんの人たちに向けて、この本を書く決意をしたのです。

そして、発達障害に向き合うとはどういうことなのか、人間にとって優しさを取り戻すにはどうしたらいいのかという質問に対する、私の真正面からのストレートな答えを述べています。

この本が、ＬＤやＡＤＨＤ、ＰＤＤ（広《こう》汎《はん》性《せい》発達障害）などの特徴を持ったお子さんや成人の方々への対応や配慮を考えるきっかけになればと思っています。

なお、発達障害をめぐる呼称について現在混乱が少なからずありますが、自閉症を中心とする社会性の障害を持つ発達障害のグループは、国際的診断基準によって１９８０年以降、ＰＤＤと呼ばれてきました。

しかし今後は、このグループは、これから登場する新しい国際診断基準において、自閉症スペクトラム障害と総称されることが決まっています。

本書では、その内容や参考にした文献などに基づいてＰＤＤ、自閉症スペクトラム障害のいずれの呼称も使用しています。注意がいる場合は、説明を付記していますのでご了承ください。

さらに、本書には私が長年教師として、またカウンセラー、相談者として経験してきた多くの実際の事例を紹介しています。個人が特定できないように事実とは異なる部分もありますが、大きく離れないよう配慮しながら描いていることをお断りしておきます。

発達障害と向き合う

目次

編集協力　中村悟志
ＤＴＰ　廣瀬梨江

第一章　発達障害を知る

発達障害とは何か

ある高等学校から巡回相談の依頼を受けて、高校3年生の女子生徒の授業観察を行いました。授業は数学だったのですが、彼女は机の上に堂々と写真集を出して一心不乱に眺めています。私語をするわけでもなく、黙ってじっと写真を眺めているので、他の生徒の邪魔になるようなことはありません。何の写真を見ているのかなあと近づいて覗き込むと、悪びれた様子もなく「朝青龍好き？」と聞いてきます。その女子生徒は力士の写真集を一心不乱に眺めていたのです。授業観察後の担任の先生からの話で分かったのですが、机の中には常に5、6冊の写真集が入っており、すべてが力士の写真集です。

最初は、他の女子生徒も力士の写真集を面白がって休憩時間に一緒に見たりしていたそうですが、すぐに飽きてしまい、その生徒は一人ぼっちで力士の写真を見て過ごすようになったそうです。もちろん、相撲については何でも知っています。相撲や力士について質問でもしようものなら、相手におかまいなく何時間でもその力士の得意技から勝敗、出身地などをペラペラしゃべって止まりません。

「友達はいません。というよりも、欲しがらないと言った方がいいかもしれません」というのは、その担任の先生の言葉です。成績は学校で一番で、授業をまじめに受けていなくても数学は常に満点だそうです。それなのに、学校でよく迷子になるということでした。また、夏でも下着を着けず、何度も注意したがなかなか改善しないので苦労したこともあったと言います。

そして私への巡回相談の依頼をしたのは、次のようなことがあったからだといいます。それは、英語のテストで、ある先生が1問、得点にして2点のミスをしてしまいました。悪いことに100点満点の答案を98点とされて、この生徒は「教育の専門家である教師が、生徒の一生を左右するテストの採点をミスして平気でいていいのか」と抗議したそうです。その日から放課後毎日2時間、その先生のいる職員室に来てはクレームを言い続けるので、その先生もはたと困り果てたわけです。以前に私はその学校で校内研修会の講師をしたことがあり、その話を聞いていた先生が、この女子生徒は、ひょっとしたらアスペルガー症候群ではないかと思い、私に依頼がきたわけです。

アスペルガー症候群は発達障害の一つで、興味や喜びの範囲が狭く、一つまたは複数の限定された興味に熱中する特性があると言われています。加えて、人の表情や感情表現を読み取ることが苦手であるために、他者との社会関係が結びにくく、対人コミュニケーション障害があるとされています。対応を間違えると、クレーマー化することもあると言われています。

授業観察などが終わると私は、「聞く力が弱いので、こちらからの話は、メモなどにポイントやキーワードを書いてみてはどうか。何度も話す、ゆっくり話すのも有効」（聞く力については、のちに詳述します）、「対人関係の弱さがこの生徒の中核にある課題であり、本人も対人関係に不安を持っているので、優しい生徒に意識的にこの生徒に関わるように要請してみることはできないか」、「学力は高いが100点へのこだわりがあるので、テストの採点ミスについては教師から謝るしかない。謝ることがリセットにつながる」と判断しました。

私の話を聞いた後、その担任の先生は私に次のように言いました。

「昔だってこんな生徒がいて、ちょっと変わった生徒ぐらいで収まる感じでした。しかし、最近は発達障害ではないかと教師も対応に敏感になりすぎて、生徒との対応に緊張してしまうんです」

私が講師として学校の先生方を対象に行っている職員研修会などで、先生方からよく訊《たず》ねられるのは、「○○君は発達障害ですか?」とか「発達障害のある○○さんとうまくコミュニケーションをとりたいのですが、接し方が分からない」といった質問です。実際に発達障害のあるお子さんを理解することは困難です。

発達障害は、最近よく耳にする言葉かもしれませんが、「ADHD(注意欠陥多動性障害)」や「アスペルガー症候群」をはじめとして、「自閉症」「LD(学習障害)」などといった一連の症状の総称です。発達障害がいくつかの症状の総称となっていることが、発達障害とは何かということを一層分かりにくくしています。さらに、あとで詳しく説明しますが、発達障害の治療には、本人の自覚や親の理解といったことが不可欠であり、発達障害の分かりにくさが治療や対応をより困難にしているのです。そして、発達障害が原因となって、「非行」「問題行動」「うつ病」「不安障害」といったさまざまな合併症を引き起こしている例も多いのです。

本書は、こうした発達障害について、その症状やメカニズムと原因、そして適切な対応方法を分かりやすく解説していきます。

発達障害について分かれば、落ち着いて対応できます。そうすれば、自分やわが子、周りにいる発達障害のある人たちに優しく向き合え、それが「人と信頼し合うこと」や「人を思いやること」にもつながっていくのです。

発達障害に対して、とかくマイナスイメージだけを持っているかもしれませんが、日本だけでなく世界の至るところで大活躍している発達障害のある人がいます。発達障害者ならではの特性を生かして、社会的に活躍することもできるのです。

発達障害は、本人の自覚と周りの理解や適切な支援で改善することができます。「気づく」こと、お互いに「努力」することが何よりも大切なのです。

発達障害に含まれるさまざまな症状

ここで、日本における発達障害の分類について、基本的な知識を確認しておきます。障害といえば、身体障害、精神障害、そして知的障害のいわゆる三障害が障害福祉の対象であって、発達障害は含まれていません。障害福祉の対象を、発達障害である自閉症とてんかんを含めた五障害にすべしという意見は、今なお講論されています。五障害には含まれていないのですが、重篤な発達障害である自閉症への支援は急務であることから、全国の自閉症児の親が中心となって1989年、自閉症患者の福祉増進のため、民間の社団法人日本自閉症協会が設立され、そして2002年、厚生労働省は自閉症・発達障害支援事業を開始しました。

一方、文部省（現・文部科学省）もLDへの対応を考えていました。そして、研究を進める中で、LDだけでなく、通常学級にも知的遅れはないが特別に教育的配慮が必要な高機能自閉症やADHDのある児童生徒が在籍していることに注目するようになります。厚生労働省と文部科学省の流れが合流して2005年、「発達障害者支援法」が施行されます。

発達障害とは、知的障害を含む包括的な障害概念です。包括的だから分かりにくいのです。発達障害に分類される個々の障害について、まず理解することから始めましょう。2005年に施行された「発達障害者支援法」第2条第1項では、主に次の三つが発達障害に分類され、その他を付記しています。

・自閉症、アスペルガー症候群その他のPDD（広汎性発達障害）
・LD
・その他これに類する脳機能の障害であって、その症状が通常低年齢において発現するものと

して政令で定めるもの（会話および言語の特異的発達障害、運動機能の特異的発達障害などがこれに当たる）

それでは、この自閉症、アスペルガー症候群、その他のPDD、LD、ADHDの定義および判断基準を見ていきます。

１９９９年7月の当時文部省の「学習障害及びこれに類似する学習上の困難を有する児童生徒の指導方法に関する調査研究協力者会議」（以下、協力者会議）の「学習障害児に対する指導について」および「今後の特別支援教育の在り方について（最終報告）」において、LD、ADHD、高機能自閉症の定義と判断基準（試案）、実態把握のための観点（試案）、指導方法が示されました。これらは、各学校において、児童生徒の実態把握や一人ひとりの教育的ニー

表1－1　発達障害と特別支援教育に関する最近の動き

1989 年	・社団法人日本自閉症協会設立
1999 年	・文部省「学習障害児に対する指導について」報告（ＬＤへの対応の検討）
2001 年	・文部科学省「21 世紀の特殊教育の在り方について」報告（ＬＤ、ＡＤＨＤ、高機能自閉症などに注目）
2002 年	・文部科学省調査「通常の学級に在籍する特別な教育的支援を必要とする児童生徒」6.3%
	・厚生労働省「自閉症・発達障害支援事業」開始
2003 年	・文部科学省「小・中学校におけるＬＤ、ＡＤＨＤ，高機能自閉症の児童生徒の教育支援体制の設備のためのガイドライン（試案）」公表（ＬＤ、ＡＤＨＤ、高機能自閉症などの定義）
	・文部科学省「今後の特別支援教育の在り方について」報告（特殊教育から特別支援教育へ）
2005 年	・「発達障害者支援法」施行（発達障害者の定義）
2007 年	・改正学校教育法施行－第８章「特別支援教育」追加（特別支援教育の開始、特別支援学校一本化）

ズに応じた適切な教育的支援を行う際の参考として活用されることを意図したものです。

ここで、最終報告におけるLD、ADHD、高機能自閉症の定義を示しておきます。
・LD――基本的には全般的な知的発達に遅れはないが、聞く、話す、読む、書く、計算する、または推論する能力のうち特定のものの習得と使用に著しい困難をきたすさまざまな状態を示すものである。LDは、その原因として、中枢神経系に何らかの機能障害があると推定されるが、視覚障害、聴覚障害、知的障害、情緒障害などの障害や、環境的な要因が直接的な原因となるものではない。
・ADHD――年齢あるいは発達に不釣り合いな注意力または衝動性、多動性を特徴とする行動の障害で、社会的な活動や学業の機能に支障をきたすものである。また、7歳以前に現れ、その状態が継続し、中枢神経系に何らかの要因による機能不全があると推定される。
・高機能自閉症――3歳ぐらいまでに現れ、他人との社会的関係の形成の困難さ、言葉の発達の遅れ、興味や関心が狭く、特定のものにこだわることを特徴とする行動の障害である自閉症のうち、知的発達の遅れを伴わないものをいう。また、中枢神経系に何らかの要因の機能不全があると推定される。
なお、近年、アスペルガー症候群や、PDDという言葉を聞くことがあります。これらについて、最終報告では「アスペルガー症候群とは、知的発達の遅れを伴わず、かつ、自閉症の特徴のうち言葉の遅れのないもの」、「なお、高機能自閉症やアスペルガー症候群は、ＰＤＤに分類されるもの」と定義されています。

ＬＤ、ＡＤＨＤ、高機能自閉症、アスペルガー症候群など自閉症スペクトラムを障害別にとらえていては、実際に複雑に混じり合っているこれらの発達障害に対応はできません。

つまり、定義はあくまでも定義であって間違いではないのですが、人間の特性を理解し対応を検討する場合、ＬＤ、ＡＤＨＤ、高機能自閉症、アスペルガー症候群など自閉症スペクトラムの、それぞれの定義の各々の要素を分析してみる必要があるわけです。

自閉症スペクトラムには三つの障害が見られます。いわゆるウィングの「三つ組」障害と呼ばれるものです。

一つ目は、社会性の障害です。他人と視線が合わない、他者に興味関心を示さない行動です。これらは、成長とともに他者の気持ちがつかめないなどの問題につながっていきます。

二つ目は、コミュニケーション障害です。発話の遅れ、話し言葉が出始めると、聞いた言葉を繰り返す反響言語（エコラリア）などが現れます。比喩や冗談が分からない、自分中心の話題のみ会話に参加する、双方向の会話が難しいといった特徴を示します。

三つ目は、想像力の障害で、こだわり（同一性の保持）と関連しています。一つのおもちゃにこだわって遊ぶ、アニメキャラクターやファンタジーの世界にどっぷりつかってしまうなどの行動として現れます。

さらに、この「三つ組」の障害以外にも、四つの特性が見られます。

一点目は、感覚過敏・感覚鈍磨です。私たちの身体全体には、中枢神経系に情報を送る感覚系があります。視覚（見る）、聴覚（聞く）、触覚（触る）、味覚（味わう）、嗅覚（においを嗅ぐ）、前庭感覚（バランス）、固有感覚（身体の知覚）が感覚系です。視覚は網膜、聴覚が内耳、触覚が肌、味覚が舌、嗅覚が鼻腔、前庭感覚が前庭管、固有感覚が筋肉や関節といったようにそれぞれに感覚器があります。

自閉症スペクトラムは、特定の音が苦手だったり、光刺激に敏感だったり、特定の肌触りに不快感を抱いたりします。一方、過敏とは逆に痛みに鈍感だったり、音に対して注意が向かなかったりといった鈍磨を示すこともあります。両者は表裏一体であるとも言えます。この感覚系の課題は、あらゆる場合において日常生活に密接に関連しており、思ったより重篤な問題を起こします。

二点目は、「心の理論障害」です。他者の気持ちを考えながら行動するのが苦手だったり、相手が言われたくないことを平気で言ったりしてトラブルとなることが多くあります。言葉の裏にある本当の意味を理解できずに、表面的な言葉に行動が左右されてしまいます。

三点目は、実行機能の障害です。実行機能は、遂行機能とも呼ばれ、自分の行為を計画、実行、監視、修正する心理機能です。実行機能の障害の例としては、50メートル走を全力で走れない子どもがそうです。「ヨーイ、ドン」の合図で走りだせない、走り始めても途中で速度が落ちてしまう、途中で止まってしまうのです。ゴールにドラえもんの絵があったりすると、一目散に走ることができるということもあります。つまり、学校教育などでは、ドラえもんを利用して課題を遂行させることもできるわけです。

四点目は、全体知覚の困難があります。私たちは、物をとらえるとき各要素の統合ではなく「全体」を知覚しています。例えば、視覚でいうと円と円が重なり合った図を重なりあった円として知覚しますが、全体知覚の困難性があると左右線対称の三日月形の接触した図ととらえてしまいます。

聴覚情報では、信号と雑音の区別ができなかったり、雑音の中では、すべての音が同じに聞こえて人の声に集中できなかったりしてしまいます。全体知覚が困難ということは、裏を返せば細部にこだわるということになります。いわゆる「森を見て木を見ず」ではなく、「木を見て森を見ず」ということです。

私は、この自閉症スペクトラムの障害の根本的な問題が、生まれつきの聴覚的な問題、すなわち「聞く力」にあると考えています。老いによっても聞く力の弱さは現れますが、生まれつきこの聞く力に弱さがあるということが問題を発生させている原因の一つではないかと考えているのです。

一方、ＬＤは、聞く、話す、読む、書く、計算する、または推論する能力のうち、特定のものの習得と使用に著しく困難であるさまざまな状態を示すものと定義しています。つまり、この聞く、話す、読む、書く、計算するまたは推論する能力こそ、ものを学ぶときに必要な力と考えられます。

しかし、それらの能力が劣っている子どもがすべてＬＤかといえば、そうではありません。先ほども述べたように、自閉症スペクトラムの人の中には、この聞く力に弱さを持った人が多くいます。

この聞く力の正体を本書では明らかにしていきますが、現段階では漠然と聞く力としておきます。読者の皆さんも現段階では、漠然と耳から聞く力を表しているのだなと思っていただいてもかまいません。自閉症スペクトラムへの支援として有名なのが、視覚支援です。これは、カードや写真、文字情報でもかまわないわけですが、自閉症スペクトラムの人とのコミュニケーションにおいて、ただ音声で伝えるのではなく、見せることを手助けとして使うことが有効であることが分かっています。これは、絵や写真、文字などを見せることにより、聞く力の弱さを助けているわけです。

したがって、ＬＤの定義だけで考えれば聞く力が弱いのはＬＤではないかということになるわけですが、実は聞く力が弱いというのは自閉症スペクトラムの可能性があるのではないかと私たちは考えるわけです。重要なのは、そう定義されているからこの障害だと単純に決めつけないことなのです。

発達障害の子どもは増えている？

巡回相談や校内研修会に呼ばれて学校を訪問すると、多くの学校の先生方から発達障害の子どもが増えてきているという声を耳にします。

特別支援学校、特別支援学級だけでなく通常学級においても、発達に障害のある子ども、または発達に障害の疑われる子どもが増加していると私も実感しています。

本当に今、発達障害の子どもが増えているのでしょうか。

それを知るためには、まずわが国の特別支援教育のシステム、すなわち学校制度についての知識が必要です。

発達障害のある子どもを対象とした教育として、わが国では特別支援教育があります。しかし正確には、特別支援教育は、発達障害も含め、障害のあるすべての子どもを対象としているものです。文部科学省は、「特別支援教育」は障害のある子ども一人ひとりの教育的ニーズに応じた支援を行うことに重点を置き、小・中学校の通常の学級に在籍する発達障害などのある子ども含め、より多くの子どもたちの教育的ニーズに対応した教育を行うことであると、2007年発行のパンフレット『特別支援教育』の中で言っています。

特別支援教育は、特別支援学校で行う教育と、いわゆる通常の学校である幼稚園、小・中学校、高等学校などで行う教育の二本立てで構成されています。

特別支援学校とは、障害の程度が比較的重い子どもを対象として、専門性の高い教育を行う学校です。幼稚園から高等学校に相当する年齢段階の教育を、特別支援学校のそれぞれ幼稚部、小・中学部、高等部で行います。すべての特別支援学校に幼稚部から高等部までそろっているわけではなく、小・中学部、高等部の三部構成の特別支援学校や、高等部だけの高等特別支援学校なども多くあります。

従来は、視覚障害対象の盲学校、聴覚障害対象の聾《ろう》学校、知的障害対象の養護学校、肢体不自由対象の養護学校、病弱・身体虚弱対象の養護学校に分かれていました。2007年4月から、複数の障害種を対象とする特別支援学校に一本化されました。

一方、一般の小・中学校には特別支援学級が設置されています。従来は法律上特殊学級といわれていた学級で、地域や学校によっては、ひまわり学級や養護学級といわれていた学級です。この学級は、障害の種別ごとの少人数学級で、障害のある子ども一人ひとりに応じた教育を行います。知的障害、肢体不自由、病弱・身体虚弱、弱視、難聴、言語障害、自閉症・情緒障害の7種に分けられます。法律上は一学級最大8人ですが、一人だけの学級や2、3人の学級など地域によって異なります。いずれにせよ、少人数で手厚い教育を受けられるように設置されたものです。障害の種別としては、この特別支援学級も、どこの小・中学校にもあるわけではありません。特別支援学級のない学校もたくさんありますし、知的障害学級のみ設置している学校もあるなど、さまざまです。高等学校にも法律上特別支援学級は設置可能ですが、しかし、現在日本において、高等学校には一学級も特別支援学級は設置されていません。

特別支援学級のほかにも、小・中学校には通級指導教室を設置している学校があります。この通級指導教室というのは、通常の学級に在籍し、ほとんどの授業を通常の学級で受けながら、障害の状態に応じた特別な指導を週に1～8時間受ける制度です。対象の障害種としては、言語障害、自閉症・情緒障害、弱視、難聴、ＬＤ、ＡＤＨＤ、肢体不自由、病弱・身体虚弱があります。「言葉の教室」と呼んでいる言語障害の通級指導教室など、学校によってさまざまな呼び名があります。通級指導教室も、どこの学校にでもあるわけではありません。

むしろ、ない学校の方が多いかもしれません。通級指導教室の設置状況は、その地域が特別支援教育に本気で取り組んでいるかどうかの一つのバロメーターになると私は思っています。この点、いずれの地域も十分に通級指導教室が設置されているわけではなく、今後に期待しています。

今まで述べてきたように、特別支援学級や通級指導教室があるものの、人数として圧倒的に多くの子どもが通常の学級に在籍しています。

先例の文部科学省のパンフレット『特別支援教育』には、この点を次のように記述しています。通常の学級の項で「少人数指導や習熟度別指導などによる授業も行います。支援員がつく場合もあります」と記述しています。

特別支援学校での一学級当たりの子どもの人数は、小・中学部で6人、平均3人と配慮されています。小・中学校の特別支援学級でも一学級8人、平均3人と配慮されています。地域によっては、教師を補助する人（教員免許所持者だったり、教員免許を持っていないボランティアだったりします）を加配しているところもあります。

表1－2　学級編制の標準及び1学級当たりの平均人数（2006年5月1日現在）

	標準	平均
特別支援学校 （小・中学部）	6人	3人
特別支援学級 （小・中学校）	8人	3人
小学校	40人	28人
中学校	40人	33人

※特別支援学校（小・中学部）の標準について、文部科学大臣が定める障害を2種以上併せ有する児童または生徒で学級を編制する場合にあっては3人

※平均人数は小数点第1位を四捨五入（文部科学省ＨＰ「特別支援教育の詳細」http://www.mext.go.jp/a_menu/shotou/tokubetu/007.htm より）

以上のわが国における特別支援教育システムを踏まえて、文部科学省の資料から発達障害が増えているのかどうかを検討していきます。「平成20年度厚生労働省障害者保健福祉推進事業障害者自立支援調査研究プロジェクト」は、「発達障害をもつ子どものトータルな医療・福祉・教育サービス」の構築研究報告書に文部科学省のデータから特別支援教育（従来の特殊教育）の対象の児童生徒数の推移を、１９８０年から２００６年までまとめています。図１－１に表します。対象の児童生徒は、特別支援（特殊）教育の対象者であり、特別支援学校（従来の盲・聾・養護学校）、小・中学校の特別支援（特殊）学級に在籍する児童生徒です。

１９９３年度からは、通級指導教室の対象児童生徒の推移も示されています。

図1－1　特別支援教育の対象となる児童生徒数の割合の推移

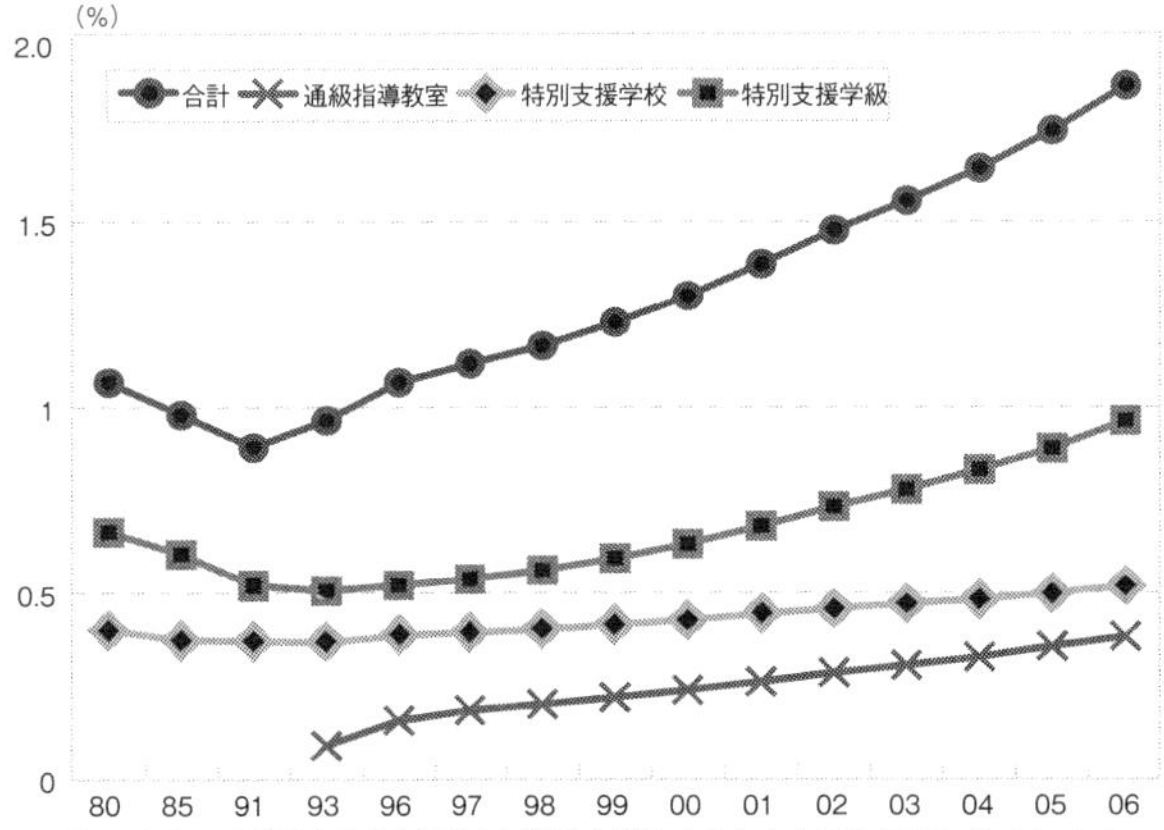

※平成20年度厚生労働省障害者保健福祉推進事業障害者自立支援調査研究プロジェクト「発達障害をもつ子どものトータルな医療・福祉・教育サービスの構築」研究報告書より

前ページの図を見てもわかるように、合計数において1996年から2006年までの間に2倍近く増加しています。特に私が注目するのは、通級指導教室の対象者の増加傾向です。1991年から2006年までの間に、なんと4・2倍以上に増えています。

私が通級指導教室の対象者に注目するのは、これまでも説明したように特別支援教育の学校制度の中でも通級指導教室というのは、あくまでも在籍は通常の学級の児童生徒だからです。通常の学級に在籍しているということは、おおむね知的障害を伴わない児童生徒である可能性が高く、私が議論の対象としている発達障害のある児童生徒と重なるのではないかと考えるからです。おおむね知的障害を伴わないという表現を使ったのは、現実には知的障害を伴う児童生徒も、保護者の意向を受けて通常の学級に在籍している例があるからです。

それでは、通常学級での状況はどうなっているのでしょうか。

2002年2月から3月にかけて文部科学省が調査研究会に委嘱して実施された「通常の学級に在籍する特別な教育的支援を必要とする児童生徒に関する全国実態調査」の結果によると、知的発達に遅れはないものの、学習面や行動面で著しい困難を示す児童生徒の割合は6・3%であることが明らかになりました。

このうち、図1-2のように、学習面で著しい困難を示す児童生徒の割合が4・5%、行動面で著しい困難を示す児童生徒の割合が2・9%、学習面と行動面ともに著しい困難を示す児童生徒の割合が１・２％でした。

　この６・３％という数値から、学習面や行動面で著しい困難を示す児童生徒が、40人学級では２～３人、30人学級では１～２人在籍している可能性があり、特別な教育的支援を必要とする児童生徒が「どの学級にも在籍している可能性がある」ことが分かってきました。

　なお、この調査は、担任教師による回答に基づくもので、ＬＤの専門家チームによる判断や医師による診断によるものではありません。ですから、その結果が、ＬＤ、ＡＤＨＤ、高機能自閉症の児童生徒の割合を示すものではないことには注意が必要です。

　また、この調査では、ほかにもＡ（「聞く」「話す」「読む」「書く」「計算する」「推論する」に著しい困難を示す）、Ｂ（「不注意」または

図1－2　知的発達に遅れはないものの、学習面や行動面で著しい困難を示すと担任教師が回答した児童生徒の割合

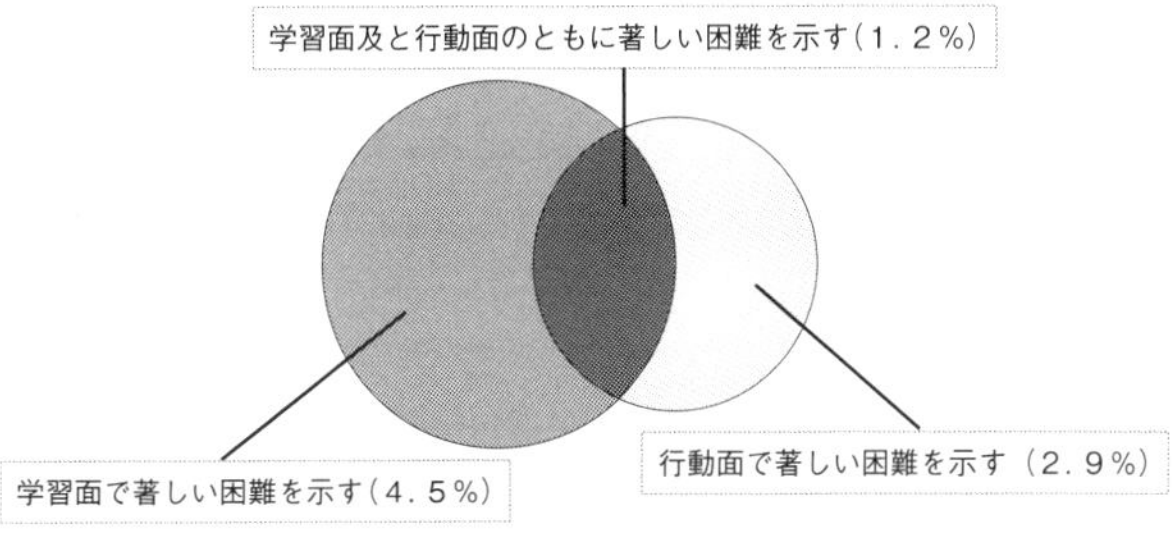

※少数点以下の四捨五入。上記数値から計算すると「学習面や行動面で著しいを示す」は６．２％になるが、これは小数点以下の四捨五入の扱いによるものである。
※「学習面で著しい困難を示す」とは、「聞く」「話す」「読む」「書く」「計算する」「推論する」の一つあるいは複数で著しい困難を示す場合を示し、一方、「行動面で著しい困難を示す」とは、「不注意」の問題、「多動性－衝動性」の問題、あるいは「対人関係やこだわりなど」の一つか複数で著しく困難を示す場合をいう。

「多動性―衝動性」の問題を著しく示す）、C（「対人関係やこだわりなど」の問題を著しく示す）の割合を算出しています。それによると、下図のようにAが4・5％、Bが2・5％、Cが0・8％でした。それぞれの数値には、該当領域のみで困難を示しているケースと、該当領域に加え、他領域にも困難さのあるケースが含まれています。

この結果から、各々の領域のみで困難を示しているケースがある一方で、二つの領域、さらには三つの領域での困難さのあるケースがあることが分かります。

「平成20年度厚生労働省障害者保健福祉推進事業障害者自立支援調査研究プロジェクト」の報告書は、「特別支援学校・特別支援学級の実態調査」と「通常学級の実態調査」の結果から発

図1−3「知的遅れはないものの、学習面や行動面の各領域で著しい困難を示す」と担任教師などが回答した児童生徒の割合

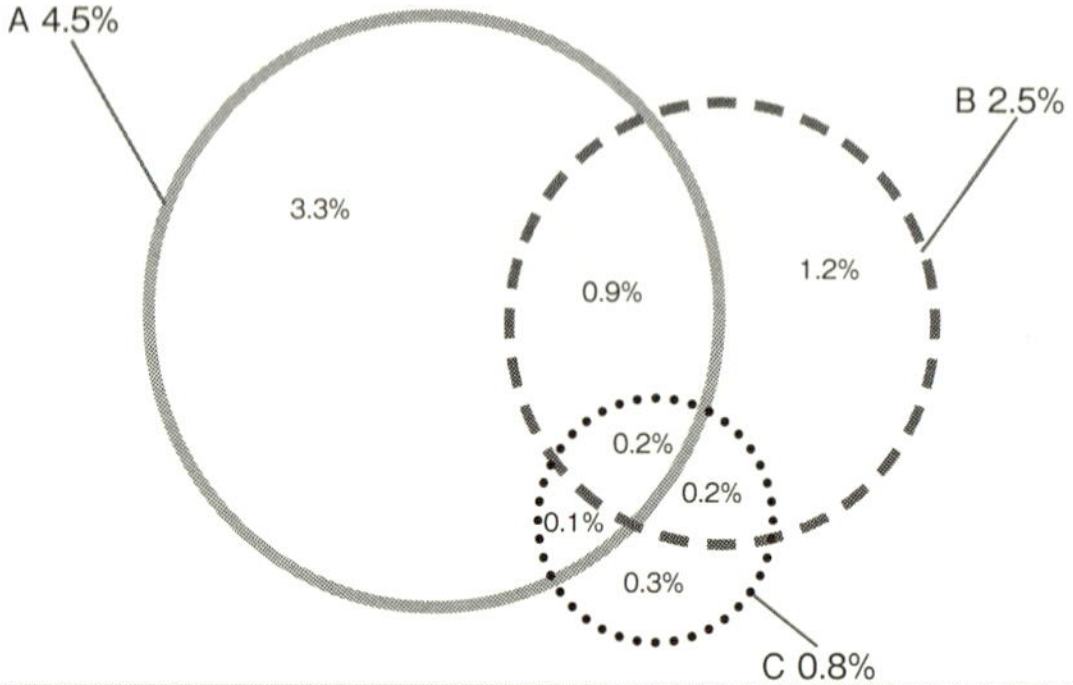

A：「聞く」「話す」「読む」「書く」「計算する」「推論する」に著しい困難を示す
B：「不注意」または「多動性─衝動性」の問題を著しく示す
C：「対人関係やこだわりなど」の問題を著しく示す

達障害が増えているか増えていないかの結論を出すには、さまざまな要因が絡み合い、現段階では難しいと言っています。

しかし、実際に特別支援教育の対象児童生徒は増えていること、そして、通常の学級に6・3%の個別に配慮の必要な児童生徒がいることという二つの事実はとても重いものです。教育現場にいる教師たちの持つ「発達障害は増えている」というリアルな実感と重ね合わせて、熟考すべきではないでしょうか。発達障害が増えていると100%は断言できる根拠がなくとも、少なくとも現段階で発達障害は増えているという認識の上に、教育や子育てという営みを進めていかなければいけないのではないかと思うのです。

発達障害をより深く理解するために

発達障害や認知の凹凸のある人がどのような世界に生きているのかを正確に知ることは、不可能であると思います。一言で発達障害といってもあらゆるケースがあり、まさに千差万別です。また、認知の凹凸もさまざまであり、能力に凹凸があるものが人間であるとも言えるのです。しかし、ある程度は知ることができます。

発達障害の当事者が自分について書いた本は、発達障害や認知の凹凸のある人の世界を知る一つの方法であると考えます。

テンプル・グランディンが書いた『自閉症感覚』（中尾ゆかり訳、NHK出版）という本は非常に詳しく書かれており、私は、この本を感覚異常、特に知覚過敏性について講演する際の参考にしています。

ドナ・ウィリアムズが書いた『自閉症だったわたしへ』（河野万里子訳、新潮社）といった、安価で手に入れやすい本もあります。

もう一つ私のお勧めする方法は、「心理的疑似体験プログラム」を受けてみることです。私は、ここ5、6年の間、このプログラムの中のいくつかを教職員対象の研修会や講演会の中に取り入れてきました。

「心理的疑似体験プログラム」とは、例えば「不器用さ」の体験では、利き手と反対の手でハサミを持ち、薄いセロファンを細かく切る体験をしてもらいます。周りがどんどんできていくと、焦ってますますうまく切れなくなります。

このように「不器用さ」を持った人のしんどさを実際に体験してもらい、「不器用さ」を持った人が楽に作業をするにはどうしたらいいかの手立てを考えてもらいます。他にも「聞く力」「話す力」「読む力」「書く力」「計算する力」「推論する力」それぞれに弱さを持っていたり、「不注意性」「多動性」「衝動性」を持っている人が日常的にどのように困っているかを疑似的に体験してもらうプログラムです。

ＬＤやＡＤＨＤ、ＰＤＤなどの特徴を持ったお子さんや、成人の方々への対応や配慮をお考えになるきっかけとしていただければと思います。

第二章　発達障害を見分ける

チェックリストで発達障害が分かる

発達障害は、チェックリストを使えば簡単に見分けられます。そのためには、人間の持っている能力を因子別にとらえるという考え方を理解しなければなりません。チェックリストは、最も簡単に発達障害を見分けるためのツールです。従来、発達障害に関する書物においては、LD（学習障害）、ADHD（注意欠陥多動性障害）、自閉症スペクトラムなど障害別の解説を施したものが主流となっています。しかし、教育現場や各家庭で多くの子どもたちに接してみると、LDの様相だけを示すタイプやADHDの様相だけを示すタイプはほとんど出合うことはなく、いろいろな要素を含むケースがほとんどです。このことが、発達障害を分かりにくくしている要因の一つでもあります。したがって、発達障害を因子別に考えることが、分かりやすいですし実態に合っているのではないかと考えています。

第一に、主にLD傾向を対象とした因子として「聞く」「話す」「読む」「書く」「計算する」「推論する」といった六つの力の強さや弱さ、バランスをとらえます。さらに文部科学省の実態調査で使ったチェックリストのように「聞く」には「聞き間違いがある」「聞きもらしがある」などの細かい項目で判断し、他の「話す」「読む」などの因子にも「言葉につまる」とか「読み間違いが多い」といった判断基準を設けます。

第二に、主にADHDの傾向を対象として「不注意性」「多動性」「衝動性」の三つの因子でとらえます。「不注意性」には「学校での勉強で細かいところまで注意を払わなかったり、不注意な間違いをする」などの判断基準があり、他の因子にもそれぞれに判断基準を設けます。

第三に、主に自閉症傾向を対象として「対人関係・社会性」「コミュニケーション能力」「興味へのこだわり」の三つの因子でとらえます。「対人関係・社会性」には「大人びている」「ませている」「共感性が乏しい」などの判断基準があり、他の二つの因子も判断基準を設けます。

これまでが、実際に使われた文部科学省の実態調査のチェックリストです。さらに二つの因子を加えて、より精度を高めたものもあります。

第四に、主に反抗挑戦傾向を対象として、行動・情動の因子で考えます。この行動・情動の因子には「かんしゃくを起こす」とか「他人をイライラさせる」といった基準を設けています。

第五に、主にうつ、気分障害傾向を対象として行動・情動の因子としてとらえます。この行動・情動の因子には、「神経質で極端に緊張しやすい」とか「気力がわかず、ぼーっとしている」といった基準を設けます。

チェックリストは、こうして作り上げたものを実際に試してみて、妥当性をある程度検証したものです。この五つの領域で考えられたチェックリストが『大人の発達障害にきづいて・向き合う完全ガイド』（黒澤礼子著、講談社）に掲載されていますので、参考にしてください。

実際に私の講演を聞いていただいた方々から、障害を因子別にとらえることにより具体的にその子どもの持っている弱さをつかむことができ、ＬＤ、ＡＤＨＤといった障害のイメージも明確になったという感想がたくさん寄せられました。

さらに、因子別にとらえることにより、総体としては発達障害と診断されないケースでも、因子別にとらえたときに「読む力」「計算する力」は平均以上に著しく高いのに「対人関係・社会性」は極端に低いといったような認知の凹凸が存在し、大人になったときに困難さが顕在化するケース（大人の発達障害）も見えてくるのではないかと考えています。

子どもの発達は、年齢や環境によって異なるのは当然なことです。それを、何らかの数字で表せばとても有用なことは分かりますが、事はそう簡単ではありません。自動車のスピードメーターのように一時間に何キロメートルのペースで走っているのかというような一つの基準で測定できるものなら簡単に発達メーターを作ることができるでしょうが、子どもの発達とはその子どもの大脳の発達を測定することなのです。大脳は宇宙にたとえられるように無限の広がりを持つブラックボックスで、決して一つの基準では測定できません。ですから、さまざまな質問に対するその子どもの答えを見ながら測定するという地道な作業が必要になります。

簡単なのは、既存のチェックリストでしょう。インターネットで検索すればさまざまなチェックリストにヒットしますし、数値化も自分でできます。実際にそれを使い「自分はアスペルガー症候群ではないか」と私のところに相談に来た若者はたくさんいます。

チェックリストには、ほかにも母親や教師といった観察者が答えるものがあります。通常学級の実態調査で使われているのは、教師が答えるチェックリストです。

次のものが実際に使われているチェックリストです。諸外国の調査で利用された基準をふまえて基準が設定されています。自分のことも測定できるので、実際に行ってみてください。

【基準】

学習面（「聞く」「話す」「読む」「書く」「計算する」「推論する」）

「聞く」「話す」などの6つの領域（各5つの設問）の内、少なくとも一つの領域で該当項目が12ポイント以上だった場合、学習面で著しい困難があるとします。

行動面（「不注意」「多動性－衝動性」）

奇数番目の設問群（不注意に関する項目）、または、偶数番目の設問群（多動性－衝動性に関する項目）の少なくとも一つの群で該当する項目が6ポイント以上だった場合、行動面（「不注意性」「多動性―衝動性」）で著しい困難があるとします。ただし、回答の0・1を0ポイントに、2・3を1ポイントにして計算します。

行動面（「対人関係やこだわりなど」）

該当する項目が22ポイント以上だった場合、行動面（「対人関係乎こだわりなど」）で著しい困難があるとします。

学習面（「聞く」「話す」「読む」「書く」「計算する」「推論する」）

（0：ない、1：まれにある、2：ときどきある、3：よくある、の4段階で回答）

	質問項目	ポイント	合計
聞く	・聞き間違いがある（「知った」を「行った」と聞き間違える）	0123	15
	・聞きもらしがある	0123	
	・個別に言われると聞き取れるが、集団場面では難しい	0123	
	・指示の理解が難しい	0123	
	・話し合いが難しい（話し合いの流れが理解できず、ついていけない）	0123	
話す	・適切な速さで話すことが難しい（たどたどしく話す。とても早口である）	0123	15
	・言葉につまったりする	0123	
	・単語を羅列したり、短い文で内容的に乏しい話をする	0123	
	・思いつくままに話すなど、筋道の通った話をするのが難しい	0123	
	・内容を分かりやすく伝えることが難しい	0123	
読む	・初めて出てきた語や、普段あまり使わない語などを読み間違える	0123	14
	・文中の語句や行を抜かしたり、または繰り返し読んだりする	0123	
	・音読が遅い	0123	
	・勝手読みがある（「いきました」を「いました」と読む）	0123	
	・文章の要点を正しく読み取ることが難しい	0123	

	質問項目	ポイント	合計
書く	・読みにくい字を書く（字の形や大きさが整っていない。まっすぐに書けない）	0 1 2 3	14
	・独特の筆順で書く	0 1 2 3	
	・漢字の細かい部分を書き間違える	0 1 2 3	
	・句読点が抜けたり、正しく打つことができない	0 1 2 3	
	・限られた量の作文や、決まったパターンの文章しか書かない	0 1 2 3	
計算する	・学年相応の数の意味や表し方についての理解が難しい（三千四十七を 300047 や 347 と書く。分母の値の大きい方が、数として大きいと思っている）	0 1 2 3	15
	・簡単な計算が暗算でできない	0 1 2 3	
	・計算をするのに、とても時間がかかる	0 1 2 3	
	・答えを得るのにいくつかの手続きを要する問題を解くのが難しい（四則混合の計算。二つの立式を必要とする計算）	0 1 2 3	
	・学年相応の文章問題を解くのが難しい	0 1 2 3	
推論する	・学年相応の量を比較することや、量を表す単位を理解することが難しい（長さやかさの比較。「15cm は 150mm」ということ）	0 1 2 3	15
	・学年相応の図形を描くことが難しい（丸やひし形などの図形の模写。見取り図や展開図）	0 1 2 3	
	・事物の因果関係を理解することが難しい	0 1 2 3	
	・目的に沿って行動を計画し、必要に応じてそれを修正することが難しい	0 1 2 3	
	・早合点や、飛躍した考えをする	0 1 2 3	

行動面（「不注意」「多動性－衝動性」）

回答の0・1を0ポイントに、2・3を1ポイントにして計算。（0：ない、もしくはほとんどない、1：ときどきある、2：しばしばある、3：非常にしばしばある、の4段階で回答）

	質問項目	ポイント	合計
1	・学校での勉強で、細かいところまで注意を払わなかったり、不注意な間違いをしたりする	0123	3
2	・手足をそわそわ動かしたり、着席していても、もじもじしたりする	0123	0
3	・課題や遊びの活動で、注意を集中し続けることが難しい	0123	3
4	・授業中や座っているべきときに席を離れてしまう	0123	0
5	・面と向かって話しかけられているのに、聞いていないように見える	0123	3
6	・きちんとしていなければならないときに、過度に走り回ったり、よじ登ったりする	0123	0
7	・指示に従えず、また仕事を最後までやり遂げない	0123	3
8	・遊びや余暇活動に、おとなしく参加することが難しい	0123	0
9	・学習課題や活動を順序立てて行うことが難しい	0123	3
10	・じっとしていない。または何かに駆り立てられるように活動する	0123	0
11	・集中して努力を続けなければならない課題（学校の勉強や宿題など）を避ける	0123	3
12	・過度にしゃべる	0123	2
13	・学習課題や活動に必要な物をなくしてしまう	0123	3
14	・質問が終わらないうちに、出し抜けに答えてしまう	0123	0
15	・気が散りやすい	0123	3
16	・順番を待つのが難しい	0123	0
17	・日々の活動で、忘れっぽい	0123	3
18	・他の人がしていることをさえぎったり、じゃましたりする	0123	1

奇数番目の設問群（不注意に関する項目）換算ポイント合計（ 24 ）

偶数番目の設問群（多動性—衝動性に関する項目）換算ポイント合計（ 3 ）

行動面（「対人関係やこだわりなど」）

（0：いいえ、1：多少、2：はい、の3段階で回答）

質問項目	ポイント
・大人びている。ませている	0 1 2
・みんなから、「○○博士」「○○教授」と思われている（例：カレンダー博士）	0 1 2
・他の子どもは興味を持たないようなことに興味があり、「自分だけの知識世界」を持っている	0 1 2
・特定の分野の知識を蓄えているが、丸暗記であり、意味をきちんとは理解していない	0 1 2
・含みのある言葉や嫌みを言われても分からず、言葉通りに受けとめてしまうことがある	0 1 2
・会話の仕方が形式的であり、抑揚なく話したり、間合いが取れなかったりすることがある	0 1 2
・言葉を組み合わせて、自分だけにしか分からないような造語を作る	0 1 2
・独特な声で話すことがある	0 1 2
・誰かに何かを伝える目的がなくても、場面に関係なく声を出す（例：唇を鳴らす、咳払い、喉を鳴らす、叫ぶ）	0 1 2
・とても得意なことがある一方で、極端に不得手なものがある	0 1 2
・いろいろなことを話すが、そのときの場面や相手の感情や立場を理解しない	0 1 2
・共感性が乏しい	0 1 2
・周りの人が困惑するようなことも、配慮しないで言ってしまう	0 1 2
・独特な目つきをすることがある	0 1 2
・友達と仲良くしたいという気持ちはあるけれど、友達関係をうまく築けない	0 1 2
・友達のそばにはいるが、一人で遊んでいる	0 1 2
・仲の良い友人がいない	0 1 2
・常識が乏しい	0 1 2
・球技やゲームをするとき、仲間と協力することに考えが及ばない	0 1 2
・動作やジェスチャーが不器用で、ぎこちないことがある	0 1 2

ポイント合計（25）

知能検査で発達を測定する

皆さんは、「知能検査」を受けたことがありますか？ 地域によっては、小学校で、「知能テスト」ということで何らかの検査を実施しているところもあります。

ほかにも「知能検査」に似た言葉で、「発達検査」「性格検査」「心理検査」という言葉も聞いたことがあるかもしれません。これらのテストも発達障害を見分ける上で一つの指標となります。私は、昨年、五十の手習いで大型バイクの免許を取ろうと自動車学校に行ったときに、初日に「性格検査」を受けました。自分は、事故を起こしやすいタイプなのだとショックを受けました。16歳のときに原付きバイクの免許を取って40年近くたつのに、確かにまだ一度もゴールド免許になったことはないのですが。

子どもは変化するものだという前提の上に立ったもので、総合的に発達の状態を測定し、結果を数値で表現するものが発達検査です。発達検査にも、いろいろな検査があって、医療機関や担当者によって使う検査はまちまちです。

有名なものに「K式発達検査」というのがあります。K式発達検査は、各年齢段階ごとに実施し、該当する子ども10人のうち5人ができる課題が並べられており、この課題をいくつできたかによって、発達年齢を算出します。その発達年齢を生活年齢で割り算することで発達指数を出しますから、年齢相応の発達を示していると発達指数は１００になります。例えば、次のような結果が出ます。

（検査結果）

２００４年８月６日実施　T市保健センター　テストを受けた子どもの年齢３歳６カ月

姿勢・運動	２歳11カ月	85
認知・適応	２歳５カ月	71
言語・社会	２歳11カ月	85
全領域	２歳８カ月	78

この例でいうと、全領域が１００ならば、年齢相応の３歳６カ月（42カ月）であり、78ということは42（カ月）×78／１００＝33（カ月）となり33カ月は、約２歳８カ月になるので３歳６カ月と比べて約１歳遅れていることになります。親御さんはショックを受けたりすると思いますが、子どもは変化するものであり、年齢とともに追いつくようになるケースはたくさんあります。

一方、知能検査は、知能は生得的なものであり変化しないものであるという前提に立っています。ここが、発達検査と大きく違うところです。実際に測定する場合、言葉で質問したりしながら検査を行うので、３歳ぐらいから測定可能になってきます。

現在使われている知能検査は、２種類あります。一つは、「ビネー検査」です。「田中ビネー式」というものなどが有名です。ビネー検査は、知能は一つの能力の固まりと考えています。3歳児なら3歳児の、10歳の子どもなら10歳の子ども相当の知能があるという考え方です。ビネー検査の利点は、その分かりやすさにあります。例えば、8歳なのに4歳程度の結果しか得られなければ、知的に遅れがあると判断できるわけです。

もう一つは、ウェクスラー検査です。この検査は、知能というのはさまざまな構成要素の集合体であるという考え方を前提にしています。言語能力、空間処理能力、記憶力、視覚情報処理能力などさまざまな角度から多角的に検査していくものです。私はこのウェクスラー検査を発達障害のある子どもに適用しています。もちろん、それ以外の検査も必要な場合、複数行いますが、ウェクスラー検査を多用しています。ウェクスラー検査は、ただ単に知能指数だけを求めるものではなく、言語能力、空間処理能力、記憶力、視覚情報処理能力などのそれぞれの能力ごとの強弱が測定できるからです。それぞれの測定値のばらつきが大きい場合は、発達障害の可能性が考えられます。現在用いられているウェクスラー検査は、「WISC－Ⅳ」です。

WISC－Ⅳ

私の「人間にとって最も基礎的で重要な〝聞く力〟の正体は、〝聴覚的短期記憶〟である」という考え（詳しくは三章で）は、現在は、改定の末、WISC－Ⅳとなっているウェクスラー式知能検査の検査経験からきています。

この検査の中に「数唱」という検査があります。「数唱」は、聴覚的短期記憶を測定するものです。ここが弱いとされている子どもが、コミュニケーションで課題を多く持つことが分かっていますし、検査経験でも実感として持っています。

『LD・ADHD等関連用語集第3版』（一般社団法人日本LD学会編、日本文化科学社）によると、ウェクスラー式知能検査は、次のように説明されています。少し長いのですが、この説明が一番分かりやすく、最新版のWISC－Ⅳを基に説明されていて最も的確であると私は思っているのでここから紹介します。

「ウェクスラー式知能検査は、米国のウェクスラー（D.Wechsler）によって開発された世界中で広く普及している一群の個別知能検査をいう。幼児から高齢者まで幅広い年齢層をカバーするウェクスラー式知能検査は、現在わが国でも標準化されており、就学前児童（適用範囲3歳10カ月～7歳1カ月）を対象とするWPPSI（Wechsler Preschool and Primary Scale of Intelligence）、幼児や児童に適用（5歳～16歳11カ月）するWISC（Wechsler Intelligence Scale for Children）、成人用（16歳～89歳）のWAIS（Wechsler Adult Intelligence Scale）がある。

ウェクスラー式知能検査の最新版であるWISC－Ⅳを例に、基本構造について紹介する。

ＷＩＳＣ－Ⅳは、10の基本検査と五つの補助検査（基本検査の代替として使用することができる）からなる15の下位検査で構成される。原則的に10の基本検査評価点から、合計得点としてＦＳＩＱ（全検査ＩＱ）と四つの指標得点—ＶＣＩ（言語理解指標）、ＰＲＩ（知覚推理指標）、ＷＭＩ（ワーキングメモリー指標）、ＰＳＩ（処理速度指標）—が算出される。

ＶＣＩは、基本検査「類似」「単語」「理解」、補助検査「知識」「語の推理」で構成される。ＰＲＩは、基本検査「積木模様」「絵の概念」「行列推理」、補助検査「絵の完成」で構成される。ＷＭＩは、基本検査「数唱」「語音整列」、補助検査「算数」で構成される。ＰＳＩは、基本検査「符号」「記号探し」、補助検査「絵の抹消」で構成される。

また、三つの下位検査（「積木模様」「数唱」「絵の抹消」）から八つのプロセス得点が算出される。指標プロフィールの解釈にあたっても計画的な臨床比較ができるだけでなく、ＣＨＣ理論に基づく八つの新しい独自の臨床クラスターなどを用いた解釈面での理論強化が図られているのが特徴である」となっています

なお、ＣＨＣ理論というのも知能を考えるには興味深い内容ですが、前掲の『ＬＤ・ＡＤＨＤ等関連用語集第3版』に詳述されているのでご参照していただければと思います。ここでは、ＣＨＣ理論というのは、人間の知能は流動性推論、結晶性知識、短期記憶、聴覚的短期記憶、視覚処理能力、読み書き能力、量的能力、処理速度、判別／反応時間または速さ、学習と検索

からなるという理論であり、ＷＩＳＣ－Ⅳという知能検査が根拠とする知能の構造を説明する理論であるという説明にとどめておきます。

発達障害に過敏にならない

私はＷＩＳＣ－Ⅳを実際に実施したとき、相談者が大人の場合には相談者自身に、相談者が未成年者の保護者の場合にはその保護者に対して、検査結果のプロフィールと一緒に私の分析結果をＡ４判２枚程度にまとめたものを必ず渡します。

ＷＩＳＣ－Ⅳは知能検査なので、いわゆる知能指数が最終的な数値として出されるわけですが、多くの方が平均的なものです。すなわち１００前後となります。

平均とは、大多数が当てはまる数字なので数学的に当たり前のことなのですが、多くの保護者の方は、平均的なＩＱを提示されると安心する反面、「何だ平均的か」と感想を漏らす方も多くいます。しかし、平均的というのは、その人の人生が平凡という意味ではありません。このところを誤解してほしくないのです。平均的なＩＱが出たということは、その人は多くの方々がそうであるように、努力してチャンスに恵まれれば大成功を収める可能性を持って生まれてきたということです。逆に、努力せずに、チャンスにも恵まれなければ、後悔するような人生になるかもしれないのです。重要なのは、その後の生き方であり、ＩＱは単にその人の知能をある理論に従って分析して出てきた数値にすぎません。ある理論とは、WISC－Ⅳでいえば、CHC理論です。私が書くコメントには、そこのところを明記するようにしています。

具体例として、ある10歳の子どもに書いたコメントを載せておきます。少し困難なことや分からない宿題があると1時間ぐらい泣いてしまう。ピアノを6歳から習っているのですが、最近おなかが痛いなどの嘘を言ってピアノの練習をさぼる。漢字テストの準備をしない。口うるさく言うと嫌々して、結果は6割程度で芳しくない。寝るときにコアラのぬいぐるみを離さない。嫌なことは絶対にしない。運動会のときに、先生に「そんなにだらだらするなら、運動会に参加しなくていい」と注意を受け、本当にそのまま家に帰ってきた。

このような行動があったため、私の講演会に参加していたお母さんが、心配して私に検査を依頼してきたものです。

〔コメント〕
○○　○○君について
1．検査日　2011年○○月○○日（土）
2．実施検査　WISC－Ⅳ日本版
3．概要

◎ＦＳＩＱ　１０３
・知的な遅れはない。
　平均的であるというのは、平均的な人間にしかならないという意味ではない。多くの人がそうであるように、努力してチャンスが与えられれば大成し、努力をせずにチャンスに恵まれなければそうならないかもしれないということであり、多くの可能性を与えられた一人の人間として尊重されるべき存在であるということである。
◯ＶＣＩ　１１１
・この子どもにとって得意な面である。
◇下位検査（類似）評価点13であり、言語のイメージや言語の持つ意味の推理などに比較的高い能力を持つ。物事の違いや似ていることを言い当てるなどの才能があるのではないか。単語の理解力も比較的高いので、今後規則正しい学習習慣が身につけば学力は高まる可能性を持っている。これには、学習に対する「自覚」がキーワードといえる。また、学習に対して「達成感」を多く持つことが意欲につながる。適切な量やレベルの学習に取り組ませて、先生や親、周りの子どもたちからほめられる体験を多く持つことが必要である。
◯ＰＲＩ　１０６
・平均的である。

◇下位検査（絵の概念）評価点13であり、視覚的な刺激に対しても、類似性や違いを認識して分類したりする能力が比較的高い。図鑑や国旗などが好きではないか。

しかし、下位検査（積木模様）評価点9であり平均的であるが、視覚刺激を部分から全体へ対象を位置付けることに少し苦手な面があるかもしれない。漢字学習は、全体をまず把握させせて、へんやつくりにあまりこだわらない学習方法が効果があるのではないか。字の成り立ち辞典などを買い与えて活用するとよい。

○WMI 91

・平均的であるが、この子どもの中では苦手な面かもしれない。

◇下位検査（数唱）評価点9であり平均的であるので、聴覚的な短期記憶には問題はない。

しかし、下位検査（語音整列）評価点8であり、他の得意な面と比べると苦手意識があるかもしれない。これは、注意力や集中力といった点での弱さを表すが、一般的には平均的な力を持っている。

予測的には、注意の持続といった点で弱さがあるかもしれない。柔軟さという面でも、例えば多少頑固な面とかが見られるのは、注意の持続との関係が大きいのではないか。この子どもは、「ほめられることにより伸びるタイプである」。

注意したりするときは、端的に注意して正しい方向性を初めから教える方がよい。

「自分で考えなさい」は、注意力を途切れさせるかもしれない。

〇ＰＳＩ　96

・平均的である。

◇下位検査（絵の抹消）評価点11。平均的である。

これは、該当する絵を見つけて消していくテストであるが、不規則に並べられた絵を処理するより、規則的に並べられた絵を処理する方が断然得意な特性が見られた。柔軟性という面では、苦手な面があるが、規則正しいことをコツコツ処理することを頑張れる子どもである可能性が高い。短いタームでほめながら、何かに取り組ませるのがよい。

何かをさせるとき、初めが肝心である。不安が強いので、最初に声をかけて「それでいいんだよ」と確認してあげることが持続につながる。

ＷＩＳＣ－Ⅳを実施して、検査中の観察、検査結果、母親からの聞き取りに基づいて分析しました。

今後の子育てに参考にしていただければと思います。

これは、発達障害ではなく年齢相応に発達しているお子さんに対して、お母さんが少し不安を抱いて相談してきた例です。

私にも大きな責任があると痛感していますが、発達障害に関する講演会に行ったり、発達障害の解説書を読んでいて発達障害の特徴が一つでも当てはまると、ほかの小さなところも気になり始めます。いわば、負の連鎖ともいえる現象です。わが子だと、なおさらだと思います。

しかし、子どもの様子を見るときにあまり小さなことに気を取られてしまうと、子どもの真の姿が見えなくなってしまいます。子どもの食事、睡眠、運動、興味関心、言葉遣いなど、総合的に子どもをとらえることが大切だと思います。

問題行動をとる子どもにも、必ず理由があるのです。子どもの行動を総合的に観察していくと、何らかの理由に行き着くものです。それができるのは親しかいません。

私の講演で最後に言う言葉の中に、こんなものがあります。

「今日の講演の中身を全部忘れてもかまいません。しかし、これだけは忘れないでほしいのです。それは、あなたのお子さんがオギャーとこの世に生まれたときのことです。この子のために自分のすべてを捧げてもいいと思いませんでしたか。この子のためなら自分の命も惜しくないと思いませんでしたか。そのときの感情を思い出して忘れないでほしいのです」

子どものことを世界で一番知っているのは親であると、自分の目に自信を持つことが重要です。そして、自分の子どもにも自信を持つことです。子どもを発達障害があるないで見るのではなく、何よりもいいところを見抜くことではないでしょうか。

第三章　学ぶ力がない子どもたち

発達障害と学ぶ力

発達障害のある子どもたちは、その特徴として、認知能力の弱さやアンバランスがあると言われています。認知能力とは、見る、聞く、話す、覚える、考えるなどの知的機能の総称で、いわば学習する力の基礎となる能力のことです。発達障害のある子どもは、この学ぶ力の基礎に弱さを持っています。さらに認知能力の弱さやアンバランスは、運動能力にも大きな影響を及ぼします。ここでいう運動能力は、不器用さや歩き方、立つ姿勢までも含めた広い意味です。

発達障害の中でも、ＬＤ（学習障害）は文字通り、学習面に困難な子どもたちのことですが、行動面や対人関係に困難さのあるＡＤＨＤ（注意欠陥多動性障害）、高機能自閉症、アスペルガー症候群、ＰＤＤ（広汎性発達障害）の子どもたちも、学習面につまずきを持つ場合が多くあります。例えば、ＰＤＤの子どもたちは、理科や数学などに高得点を取ることができても、小説の登場人物の気持ちや物語の行間などを読み取ることが必要な読解問題を解くことができないという例が多くあります。また、他人を非難するようなストレートな文章はいくらでも書くことができますが、自分の心情を表現するような作文は苦手です。

さまざまな学習課題を乗り切るためには、その解決のためにどのような方法をとり、何を手がかりに解決していくのかをまず考えなければいけません。

言い換えれば、その課題にはどのようなスキルが要求されているのかを見極めなければいけないのです。

認知能力、すなわち見る、聞く、話す、覚える、考えるといった知的機能に著しいアンバランスがあるのが発達障害であり、これが生まれつきなわけですから、おのずと課題に対して試すことができるスキルが限られてしまい、学習面で困難さが生じます。

そこで、発達障害のある子どもへの学習指導においては、彼らの認知の特徴を押さえることはもちろんのこと、学習課題についても、その内容や提示方法を分析してその子どもにあったスキルを用いた学習方法をとらなければならないのです。

そして、このスキルを分析的に測定できるのが、第二章で説明したＷＩＳＣ－Ⅳという検査なのです。

図3－1　発達障害と学ぶ力

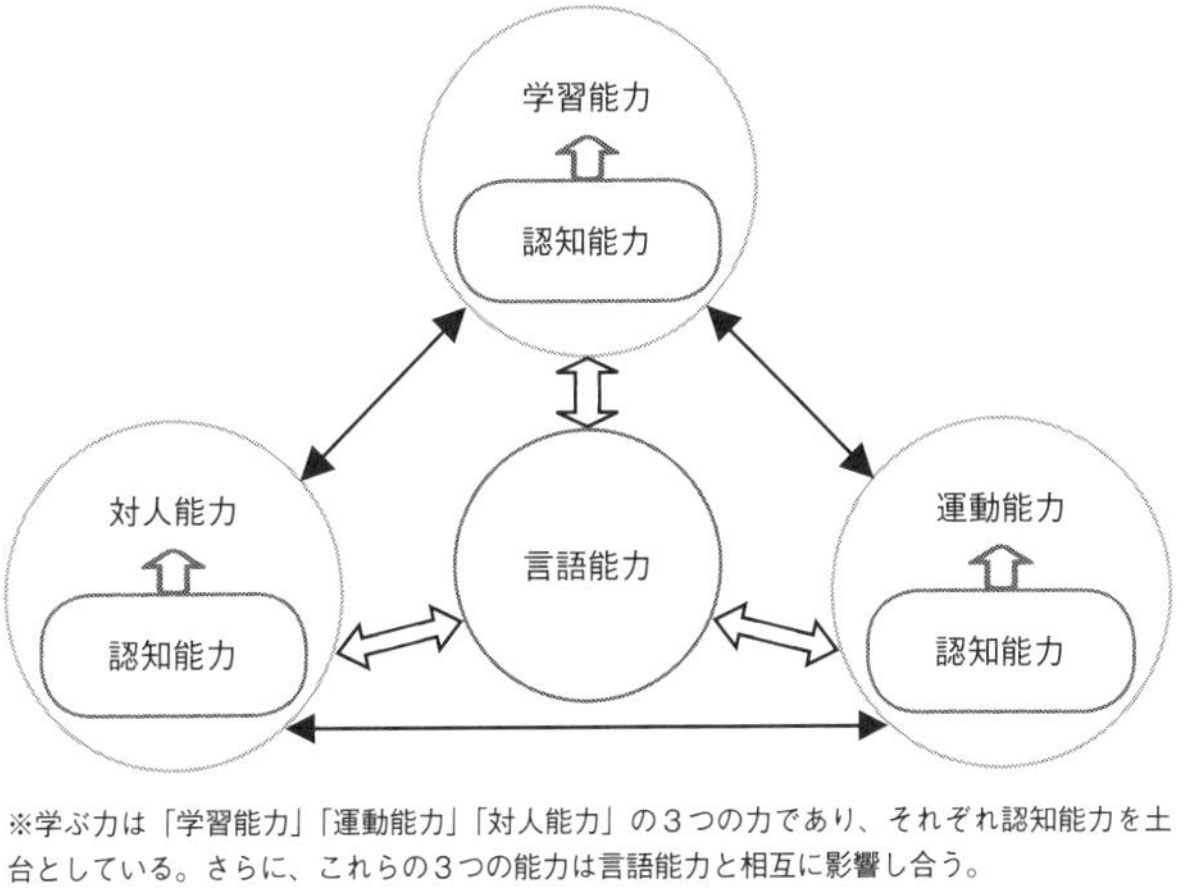

※学ぶ力は「学習能力」「運動能力」「対人能力」の３つの力であり、それぞれ認知能力を土台としている。さらに、これらの３つの能力は言語能力と相互に影響し合う。

人間がものを学ぶときに必要な力

「皆さんは、人間が何かを学ぶとき、どのような力を使っていると思いますか？」

これは、研修会で私が必ずいの一番に聴衆の皆さんに聞くことです。

相手は学校の先生方だったり、お母さん方だったりするわけですが、必ず聞きます。知的障害者の福祉施設の指導員の方々にも警察官の方々にもお聞きしました。

この質問を発した後、聴衆の皆さんは、目をぱちくりさせながら斜め45度上を見つめて一生懸命に考えてくれます。

「覚える力です」

「過去に学んだことを応用する力です」

「学ぼうとする意欲です」

と皆さん、頭を振り絞って一生懸命に考えて、さまざまな答えをおっしゃいます。

毎年たくさんの会場でやっているので、その集団の特徴や現在おかれている状況がその答えから類推できるようになりました。例えば、幼稚園や保育園の先生方にこの質問をすると、必ず出るのが「遊ぶ力です」という答えです。遊ぶ力こそ学ぶ力と感じているのです。

荒れた学校といわれている学校からの依頼も多くいただきます。すなわち、生徒指導上困難な状況を抱えているところでの校内研修会です。これらの学校の先生方からは、必ず出るのが

「我慢する力です」という答えです。まさに、我慢できずに好き勝手やっているとみられる生徒たちと日々向き合っているのがうかがわれます。

一通り答えてもらって、もう新たな意見が出なくなった段階で私は、

「人間がものを学ぶときに使う力は、次の六つです」

と言って、ホワイトボードに大きな字でゆっくり次のように書きます。

2、3年前までは、パワーポイントのスライドで提示していたのですが、実際にライブで書いてみせる方がインパクトもあり、記憶していただく上でも効果があるということが実践上分かってきました。

それは、

1. 聞く力
2. 話す力
3. 読む力
4. 書く力
5. 計算する力
6. 推論する力

の六つの力です。

人間がものを学ぶときに必要な力が、「1．聞く力」「2．話す力」「3．読む力」「4．書く力」「5．計算する力」「6．推論する力」と私は考えています。これは、文部科学省も言っているわけです。

しかし、私がいつも強調するのは、この順番です。これは、文部科学省の報告でも文献でもあまり議論されていないところです。私は、この1から6までのナンバリングこそ最も重要だと考えているのです。すなわち、この順番は、人間にとって生きていくために重要な力が大切な順に示されているのではないでしょうか。

もっとはっきり言えば、人間にとって最も重要な力は「聞く力」であると私は考えているのです。

話し方教室での「聞く力」

今、話し方教室は大盛況だそうです。

いくつもの話し方教室に通った経験のある友人に聞いてみたところ、当然話し方を教えてくれると期待に胸を膨らませて習い始めたら、話し方教室では最初はどこも傾聴から学習が始まるのだそうです。友人は、これじゃあ「話し方教室」じゃなくて「聞き方教室」だよと思ったそうです。

「相手の話をしっかり聞いて、話し相手に応じた言葉を的確に返せること。それが本当の話し上手なのですから、人の話をよく聞きましょう」という意図らしくこれは、学校現場でもよく行っている指導です。

以前見た、ある話し方教室のパンフレットに次のようなフレーズがあったのを覚えています。「ところで、あなたは見当違いの質問をしてしまって、上司や恋人に〝あなた、さっきの私の話をちゃんと聞いていたの〟と怒られた経験はありませんか。話し上手な人は、絶対にこのようなミスは犯しません。やはり、上手な話し方を学ぶ上で〝聞く力をつけること〟は必須科目なのです」

話し方教室で教えている「聞く力」とは、傾聴のことです。

傾聴という言葉を、私はカウンセリング理論の中で学びました。

概略をここに書きますと、傾聴とは、「こちらの聞きたいこと」を「聞く」（Hear）のではなく、「相手の言いたいこと、伝えたいこと、願っていること」を受容的・共感的態度で「聴く」（Listen）ことです。つまり、「聴く」の字の如く、「耳と目と心できく」のが「傾聴」の基本です。

傾聴は、相手の話を真剣に聴くことであり、カウンセリングにはとても重要な技術ですが、誰もが当たり前にできそうな「真剣に聴く」という行為が、実は意外に難しいのです。相手のためを思って相談に乗ったはずが、なぜかうまくいかない、あるいは、逆に相手を困らせてしまうこともあります。また、最初は親切心から相談に乗っていても、途中でイライラしてしまって面倒くさいと感じてしまうことがあります。

なぜ、そのようなことになってしまうのでしょうか。

「相談に乗る」＝「相手の問題点を教えてあげる、解決方法をアドバイスしてあげる」ではないのです。適切なアドバイスは問題解決への近道かもしれませんが、相手が悩んでいるときに、「○○が問題だよ！」とか「○○すればうまくいくよ！」などというアドバイス〝だけ〟をした場合、相談者には、

・「それは分かっているけど、できないから困っているのに」

・「ちっとも話を聴いてもらえずに、〝ああしろ！こうしろ！〟ばかり言われた」

などと受け取られてしまうことがあります。

そして、「相手を何とかしてあげたい」という気持ちが強ければ強いほど、アドバイスがうまく生かされないときに、「せっかくアドバイスしたのに、どうして分からないんだ！」などと相手を批判したくなるものです。

カウンセリングでは、クライアント（来談者）の話を聴くときに、「何とかしてあげたい」という自分の気持ちではなく、クライアントの気持ちを最優先とします。

クライアントの心を尊重し、相手のおかれている状況や立場を考えながら、感じていることなどをそのまま受けとめます。

クライアントは、悩んでいることで、自分に対して否定的な気持ちになっているのが普通です。その気持ちをそのまま受けとめることで、「本当に自分のことを分かってもらえた」という手応えや安心感を得られるものなのです。

カウンセラーは、まずはクライアントの言うことをそのまま受けとめ、それに対して心から理解を示し、前向きに自分の問題に取り組むことができるようになったところで、クライアント自身が持っている解決策や、周囲からの適切なアドバイスを生かせるように援助をしていくのです。

「クライアント自身のために」という、あなたの真心を適切に表現する技術の基本、それがカウンセリングでの聴く技術。「傾聴」なのです。

傾聴とは、専門的な知識であり技術であると言えます。

傾聴について詳しく書きましたが、「聞く力」は、もっと基礎的な、自然に誰しもが持っている力のことを指しています。

私のいう「聞く力」とは、傾聴のことではありません。

「聞く力」の正体は「記憶」

今から、「1. 聞く力」の正体を明らかにしていきます。

私がいう「聞く力」を、最も基礎的で重要であるという意味を込めて「1. 聞く力」と書いていきます。「いち、きくちから」と読んでください。

もう一度言いますが、私がいう人間にとって最も基礎的で重要な力という場合の「聞く力」は、「傾聴」のことではありません。

もっと単純な、聞く力そのもののことを指しています。

だから、人間がものを学ぶときに必要な力の「1」は「聞く力」なのです。

そして、「聞く力」の正体は、「記憶」です。

「聞く力」と「記憶」。

何を言いたいのだろうと思っている方が、たくさんいると思います。

「聞く力」を傾聴のことだと思っていた方は、なおさら何のことでしょう。ここのところが、最も重要なところです。

ここでいう記憶とは、たくさんの言葉を覚えておくという記憶の量のことを言っているのではありません。

ほんのちょっとした、いつもよく使っている単語を長い時間覚えておくという、記憶の保持時間のことを言っているわけでもありません。一カ月、一週間、一日、覚えておくことを言っているわけでもないのです。1分や2分覚えておく力でもありません。ほんの20～30秒覚えておく力のことを言っているのです。

たくさんの量でもなければ、長い時間でもありません。

聞いたことをちょっとの間覚えておく力が、私のいう「聞く力」です。したがって、専門的には「聴覚的短期記憶」といいます。つまり「聞く力」＝「聴覚的短期記憶」なのです。

記憶の区分

記憶について書かれた本でおすすめなのが二冊ほどあります。一冊目は森敏昭・井上毅・松井孝雄著の『グラフィック　認知心理学』（サイエンス社）という、大学で使われている教科書です。グラフィックというだけあって、たくさんの図を使っていて、とても分かりやすいのでいつもそばにおいて活用しています。もう一冊は、池谷祐二著の『記憶力を強くする　最新脳科学が語る記憶のしくみと鍛え方』（講談社ブルーバックス）で、脳科学と記憶の関係がとても分かりやすく書かれています。これは、私の愛読書です。この二冊の書籍を参考に、記憶の概念を整理しておきます。

一口に記憶といっても、その性質は多様であり、さまざまな観点から区分がなされています。

まず、保持時間の長さによって、記憶を、見たり聞いたりしたことを一瞬で覚える「感覚記憶」、30秒から数分で忘れる「短期記憶」、長い間覚えている「長期記憶」に区分しています。

さらに、長期記憶は記憶される情報の内容によって、宣言的記憶（declarative memory）と手続き記憶（procedural memory）、プライミング（入れ知恵）記憶（priming memory）に区分されます。このうちの宣言的記憶とは、言葉によって記述できる事実についての記憶を指します。例えば、買い物を終えて車で帰宅する際に「車をどこに駐車したか」という事実についての記憶が宣言的記憶です。

さて、この宣言的記憶、高齢化によって落ちてきます。50歳を過ぎた頃から私は痛感しています。情けないと思うこともしばしばです。

20代、30代の頃は、大きな地下駐車場で例えば「Cの2」などという目印の柱番号を覚えておくことができました。自分はメモなどしなくてもこのぐらい覚えておけると高をくくっていると、50代ともなるとどこに停めたか思い出せなくて、泣き泣き捜し回ったご経験ありませんか。私は、何度もあります。

「聞く力」の正体は「記憶」なので、「記憶」が落ちるということは、「聞く力」も落ちていくということです。すなわち、「聞く力」も高齢化によって落ちてくるのです。

ここのところはまたあとで議論する重要な点なのですが、高齢化との関係はもう少し議論を進めたあとで行うことにして、まずはここまでとしておきます。

宣言的記憶に対して、「まず、車のエンジンを始動させて……」といった車を動かすための一連の手続きに関する記憶が、手続き記憶です。この手続き記憶は、いったん記憶されるとなかなか失われません。以前、自転車に乗ることができた人は、10年ぐらい自転車に乗ったことがなくても、なんなく自転車に乗れてしまいます。これは、手続き記憶のおかげです。

さらに手続き記憶は、エピソード記憶（episodic memory）と意味記憶（semantic memory）に区分できます。エピソード記憶とは、「今週の月曜日は昼に親子丼を食べた」といった時間的、空間的文脈の中に位置付けることができる個人的な出来事（エピソード）の記憶を指します。

これに対して意味記憶とは、「親子丼には鶏肉と鶏卵を用いる」というような一般的な知識としての記憶を指します。

残る「プライミング（入れ知恵）記憶」は、他の記憶と違って、説明するのが少し難しい概念です。実際、プライミング記憶が発見されたのは１９８０年代のことで、それ以前には存在すら知られていなかったそうです。

分かりやすい説明が、『記憶力を強くする　最新脳科学が語る記憶のしくみと鍛え方』にありますので、紹介してみます。

まずつぎの文章を読んでみてください。これは、アメリカが生んだアニメヒーローである「ポパイ」とポパイが食べる「ほうれんそう」に関する内容です。

ポパイが恋敵のブルートをなぎ倒すさまは我々に心地よい快感を与えてくれる。ポパイがブルートより圧倒的に体格が劣っているため、さらに我々の同情を誘う。ほうれんそうを食べて怪力になり、それまではまったく歯が立たなかったブルートから逆転勝利を収めるなじみのパターンも見ている者に安心感を与える。さて、ポパイの力の源であるほうれんそうが、実際に高い栄養素を持つことは周知の通りであるが、このアニメの影響力は絶大で、当時ポパイを見ていた成長盛りの子どもたちが積極的にほうれそんうを食べるようになったということが報告されている。

なんの変哲もないこの論説ですが、いまこれを読んだ皆さんの脳には、プライミング記憶の形跡を見ることができるかもしれません。この文章中には「ほうれんそう」という言葉が3回出てきました。

しかし、お気づきでしょうか。3回目に出てきたときには、それは「ほうれんそう」ではなく、まったく意味を持たない文字の羅列である「ほうれそんう」という言葉が書かれているのです。皆さんの中には気づかずにうっかり「ほうれんそう」と読んでしまった方もいることでしょう。

これは、皆さんがこの文章は「ポパイとほうれんそう」の内容であるとあらかじめ意識しているから、それに近い単語を勝手に都合よく解釈してしまったのです。つまり「ほうれそんう」という無意味な単語を読むときに、以前に出てきた「ほうれんそう」という言葉を記憶していて、自分の意識よりもその記憶の方が先に文字を認識してしまうのです。このように無意識に行われてしまう記憶をプライミング記憶といいます。

少し話が複雑になってしまいましたので、ここで一度まとめてみましょう。記憶には「感覚記憶」「短期記憶」「長期記憶」がありました。そして、長期記憶はさらに細かく「エピソード記憶」「意味記憶」「手続き記憶」「プライミング記憶」と分類されます。簡潔にまとめると、こうなります。

Ⅰ．感覚記憶　　数百ミリ秒（視覚）　数秒（聴覚）
Ⅱ．短期記憶　　30秒から数分以内に消える記憶、7個ほどの小容量
Ⅲ．長期記憶
　ⅰ．エピソード記憶　　個人の思い出
　ⅱ．意味記憶　　知識
　ⅲ．手続き記憶　　体で覚える物事の手順
　ⅳ．プライミング記憶　　勘違いのもと

別の見方をすると下図のように顕在記憶と潜在記憶の二つに分類することもできます。この六つの中では、「短期記憶」と「エピソード記憶」は、個人的に意識のあるレベルで記憶されている「顕在記憶」なので、意識的に思い出すことができるものです。また逆に、残りの四つの「感覚記憶」「意味記憶」「手続き記憶」「プライミング記憶」には、自分の意識は介在しませんので「潜在記憶」となります。

こうした記憶の分類は、米国の心理学者スクワイアによって提唱された「スクワイアの記憶分類」と呼ばれるもので、最も一般的な記憶分類といわれています。

さて、話を元に戻しますが、「聞く力」の正体である「記憶」を私は、人間にとって最も基礎的で重要な力と位置付けました。ここでいう

図3−2　記憶の階層システム

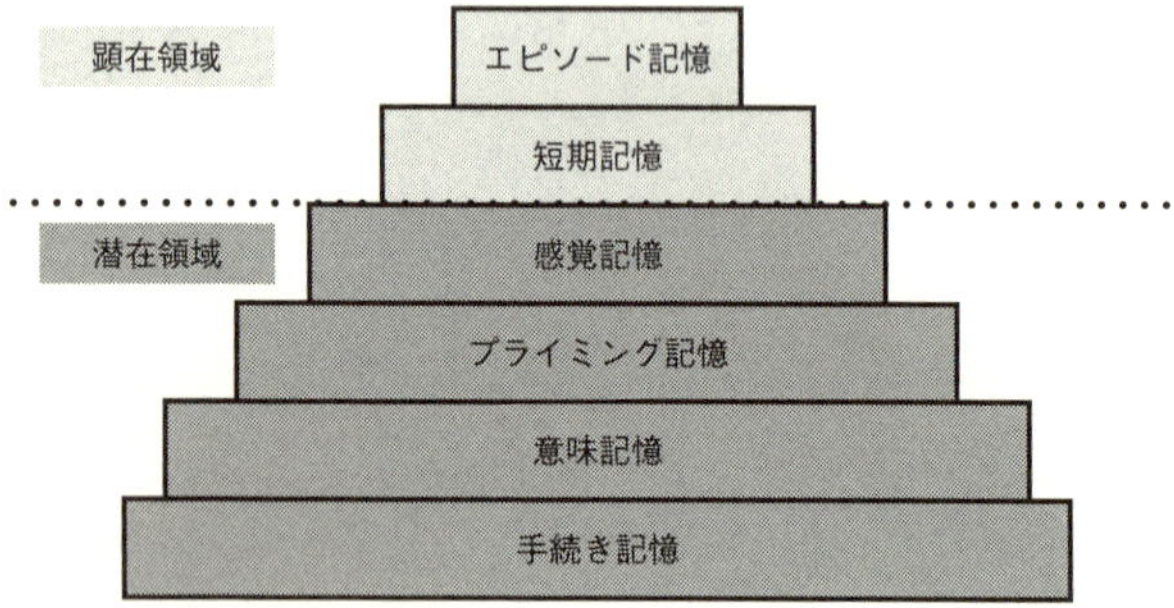

※記憶は大きく意識が介在する顕在領域と意識が介在しない潜在領域に分かれており、それぞれ階層構造となっている。

記憶は、上記の分類でいうと顕在記憶でなければいけません。人間として生きていく上で、他の人間とのコミュニケーションをその活動の中心と位置付けている以上、自分の意識の介在しない潜在記憶ではなく、自分の意識が介在する顕在記憶の中に、その人間にとって基礎的であり重要な力はあるのです。ということは、「短期記憶」か「エピソード記憶」のうちのどちらかとなるわけです。

前ページの図をご覧ください。人間が意識的に思い出すことができる記憶は「顕在領域」の「短期記憶」と「エピソード記憶」であり、この二つの中で一次的な記憶は「短期記憶」です。「短期記憶」を経て「エピソード記憶」となります。したがって、最も基礎的な記憶は、「短期記憶」なのです。

重要なのは「視覚」ではなく「聴覚」

ここまでで、記憶の中でも短期記憶が重要であることを理解していただけたでしょうか。

記憶というと、テスト勉強のときのように、一日なり一週間なり、また受験勉強のように一年なり記憶する長期記憶を思い浮かべるかもしれませんが、私が、人間にとって最も基礎的で重要な力としている「聞く力」は、ほんの30〜40秒意識的に覚えておく短期記憶のことを言っているのです。

また、記憶といってもすべてが、耳で聞いたことを覚える記憶だけではありません。目で見たことを覚える視覚的記憶、実際にやったことを手で覚える動作性記憶などがあります。

その中で人間にとって最も基礎的で重要な聞く力は、記憶の中でも視覚的記憶や動作性記憶のことでなく、聞いたことを覚える聴覚的記憶です。

ここで今までのところをまとめてみると、人間にとって最も基礎的で重要なのは、耳で聞いてほんの少し覚えておくことになります。これを「聴覚的短期記憶」といいます。

すなわち、私がいう人間にとって最も基礎的で重要な力は、「聞く力」すなわち「聴覚的短期記憶」であるというのが結論です。

学習にとって最も重要で基礎的な力である「聴覚的短期記憶」に課題のある人間が相当数いることが、長年実施されてきたウェクスラー検査の結果からわかってきました。

ここで注意していただきたいのは、「聞く力」といっても聴力検査で測る「聴力」のことではありません。「聴力」には課題はないわけです。聴力という観点からいうと、耳はよく聞こえているのに、耳から聞いたことを、ほんの30~40秒、覚えておくことができない人間が相当数いることが分かってきたのです。ここのところを、実際に私たちが行っている検査を例にとり、もう少し詳しくお話ししていきます。

聴覚的短期記憶の重要性

例えば、電話番号が典型的な例として挙げられます。電話帳で7ケタの数字を覚えます。例えば、「245－03004」。呪文のように「245の0304、245の0304、245の0304……」と唱えながら電話をかけます。そして、電話をかければすぐに忘れてしまいます。まさに短期記憶です。これに対して自分の家の電話番号は、いつでも思い出せるのではないでしょうか。これは長期記憶として大脳に貯蔵されているということです。すなわち、短期記憶と長期記憶は別物なのです。ここに注意してください。

暗算も短期記憶の例です。実は、小学校低学年の算数そのものが短期記憶を使うものがほとんどです。例えば、「犬が3匹公園にいました。もう2匹、公園に犬がやってきました。全部で犬は何匹でしょう?」という問題を考えるとき、最初の3匹の3を覚えておいて2匹の2を加えます。最初の3が覚えられなければ、この計算を暗算ではできません。もっとも、この問題を絵で描いてみて解く場合は、短期記憶を使う必要がなくなるわけです。

絵でなくても犬を○で描く。すなわち犬と○を同一視して図示することもできるわけです。

○○○　最初の犬

○○　あとから来た犬

算数の苦手な子どもの中に、聴覚的短期記憶が弱い子どもがたくさんいるのではないかと私は考えています。算数が苦手な子どもの中にも、犬と○を同一視したりとか、足し算の意味など数学的概念を理解したりすることに人一倍たけている子どもがたくさんいるのではないでしょうか。図示することにより、一気に問題が解けるようになるタイプの子どもです。算数は苦手だった子どもが、中学校や高等学校の数学は得意になったという例がたくさんあります。そのような子どもは、みんなこのタイプであると私は考えています。

実は、私は15年前まで、長年数学の教師をしていました。その頃、このような聴覚的短期記憶との関連など発想にはなかったのですが、図示が問題を解く上で重要なことはよく知っていました。応用問題を解くために、図を書く練習を徹底してやらせていました。今、考えても、あの頃の指導は理にかなっていると感じています。

ここでもう一度、この本の最初の議論、すなわち人間がものを学ぶときに必要な六つの力を思い出してください。それは、「1．聞く力、2．話す力、3．読む力、4．書く力、5．計算する力、6．推論する力」でした。お分かりですか。1の聞く力は、5の計算する力に影響を及ぼす基本的な力なのです。

繰り返し言うと、人間にとって基礎的で重要なのは短期記憶なのです。

さらに、「視覚的」なものよりも「聴覚的」なものの方が基礎的で重要であると考えています。すなわち、電話帳を見て7ケタ覚えるという「視覚的」なものではなくて、人が声として教えてくれた7ケタの電話番号を覚えるという「聴覚的」なものこそ、人間にとって大切なのです。

人間のコミュニケーションのほとんどは、音声を中心に行われます。いくら携帯電話のメール機能が進化したとしても、実際に音声でやり取りする従来の電話機能の方が、その簡易さといい、情報量といい、絶対的に多いのではないでしょうか。

世界史的にいって、文字の出現は、紀元前2500年頃のメソポタミア地方でのシュメール人による楔形《くさびがた》文字だと考えると、人類の出現よりずっとずっと後ということになります。『詳説　世界史』（佐藤次高他著、山川出版社）によると、「人類は猿人、原人、旧人、新人の順に進化した。直立二足歩行を特徴とする人類が誕生したのは、今から約450万年前のアフリカにおいてである。この最初の人類を猿人といい、アウストラロピテクスやホモ・ハビリスなどが知られている」となっています。

すなわち、人類の歴史のほとんどの期間、人類は文字を持っていなかったということになるのです。

いかに、「聴覚的」な情報が「視覚的」な情報より基礎的で重要なものか、ご理解いただけると思います。

聴覚的短期記憶と社会性

これまで、聴覚的短期記憶が、ものを学ぶ力にどれだけ大切かを述べてきましたが、それは、単純に学習という面だけではありません。例えば、子どもの聴覚的短期記憶が生まれつき弱かったとします。

人間は、生まれてすぐ、お母さんの語りかけを介しての赤ちゃんのさまざまな反応、そしてその反応に対してのお母さんの語りかけというやり取りが、スキンシップと並行して行われます。聴覚的に短期記憶するのが難しい子どもは、お母さんの声の意味が分からず、言語そのものを学ぶ力にも困難をきたすことが予測されます。さらに、音声そのものの記憶が難しいということは、お母さんの声をイメージすることも難しいのではないかとも思われます。その後のスキンシップや表情の読み取りも、お母さんの語りかけとともに相乗効果を示すものであるのにその効果が薄いということになるのです。最終的には、お母さんそのもののイメージもあいまいなものとなるのではないかと予測できます。

人間の発達が、聴覚的短期記憶に課題を持って育っていくときに、どのような影響を及ぼすのか。『ライフサイクルからみた発達の基礎』（平山諭、鈴木隆男編著、ミネルヴァ書房）という本には「発達とは、個体が、自らをとりまく環境との間で相互作用を繰り返すことを通して、心身の構造や機能が連続的に、また漸進的に、分化・統合して、より有能に、より複雑に変化するプロセスと考える」と書かれています。

つまり、親とのスキンシップという相互作用によって、発達が促されるというわけです。そして、特に誕生後の赤ちゃんは、お母さんとの間に強い情緒的つながりを学んでいきます。この情緒的つながりのことを愛着といいます。誕生直後の赤ちゃんにとって、愛着の対象は、お母さんやお父さんのように直接赤ちゃんに話しかける親ないし養育者です。

私は、最近、この愛着関係が薄くなっているのではないかと考えています。なぜなら、その後の子どもの成長に伴う対人関係や社会性の発達という観点でとらえたとき、人間関係に不安の傾向を示している幼稚園児や小・中学生、高校生を、この本の「はじめに」に書いているようにたくさん見ているからです。そしてその原因、すなわち他人に対して愛着関係が薄いと感じる原因は、聴覚的短期記憶による養育者の語りかけの記憶量の少なさ、または養育者の言葉が記憶に残らない状態でのやり取りの継続にあるのではないかと考えているのです。

子どもは、成長するとともにこれらの愛着の対象を少しずつ拡大し、親や養育者以外の人たちとの関わりを深く学んでいくものです。しかし、愛着の対象を広げていくには、親や養育者との愛着関係が密のものであり、いわゆる安全基地となっていなくてはいけません。安全基地づくりに失敗した場合、多くの他人との人間関係は不安に満ちたものであり、その子どもは幼児期以降に社会性に問題をきたす、つまり反社会性を持つようになるのです。

そのすべてとは言いませんが、原因の主たる要因の一つが聴覚的短期記憶の弱さではないかと考えているのです。

生まれ持った聴覚的短期記憶の弱さを強くすることはできません。したがって、早期に発見し、自己否定感が芽生える前に視覚支援により、聞いて記憶できないなら見せる視覚支援などによって弱さを補う必要があるのです。

反社会性とは、従来、非行・問題行動といわれていた暴言や暴力、万引きや窃盗、反抗的態度となって現れるものです。その人の性向が社会のルールや秩序を平気で乱すような方向に働いてしまうとき、反社会性は進行しているといいます。そして、それは、社会性のつまずきが始まります。

それでは、社会性のつまずきとは何を意味するのでしょうか。社会性のつまずきとは、具体的には幼稚園や小・中学校、高等学校などの学校現場や、学校以外での社会生活において、集団行動についていけないとか友達ができないという状態となることを指します。厳密にいえば社会的場面で適切な行動がとれないことによる不適応状態ということになります。

聴覚的短期記憶が弱い子どもは、言葉の発達に遅れを示す例が多くあることを述べました。幼稚園児や小学校低学年児童の場合、保護者から「言語数が増えない」「人に分かるように話せない」「うまく発音できない」といった相談となって、教育相談などで学校の先生や我々専門家のところに上がってくる例が多くあります。このような言語のつまずきによって、保護者がわが子の発達障害に気づくこともよくあります。

しかし、小学校も低学年から高学年へと学年が進行するにつれて、言語のつまずきの相談は減っていきます。その理由に二つのことが考えられます。一つは、言語のつまずきが改善していくケースです。小学校の言語の通級指導教室（通常の学級に在籍して週に数時間、その学校もしくは別の学校で専門的な指導を受ける制度であり、「言葉の教室」といったりする）のような専門的な教育の場へ通ったり、専門医の指導を受けたりして改善がスムーズにいくケースが多くあります。もう一つは、改善したわけではないのに目立たなくなるというケースがあります。そうしたケースのほとんどは、言語のつまずきから社会性のつまずきに移行しています。

低学年から高学年にかけて、友人関係における言語の持つ意味は飛躍的に増大します。趣味に関する情報のやり取りや遊ぶ約束をするといった友人関係の成立・維持にきわめて重要な役割を果たす場面の多くは、言語によって支えられているのです。

そして、このような言語のつまずきは、年齢が上がるに従って、社会性に大きな影響を及ぼしていくのです。結果的に、言語のつまずきは決してなくなっているのではなく、その子どもの困難の中心が言語の発達の遅れではなく、うまく友達がつくれないなどの社会性のつまずきへと移行してしまうのです。

例えば、聴覚的短期記憶に弱さを持った幼稚園児のAちゃんがいたとします。そこにBちゃんが「Aちゃん、遊ぼう」と、遊びの誘いや約束をしに来たとします。Aちゃんは、聴覚的短期記憶の弱さゆえに、すぐに反応できません。往々にして知らんふりをしているように見えます。しかし、Aちゃんは、遊びたくないのではありません。すごく遊びたいのです。しかし、知らんふりをしているAちゃんを見て、Bちゃんは別のどこかに遊び相手を探しに行ってしまうのです。

このように、人との関係でうまくいかない体験をたくさんしてしまうのが聴覚的短期記憶の弱い子どもたちです。

辛く切ない思いを重ねていく中で、自信がなく不安感を抱いている幼稚園児となってしまうのです。この不安は小さくなることはありません。むしろ大きくなっていきます。これを私は、「不安の増大化」と呼んでいます。

中には、暴力的にしか友達と関われないようになってしまう子どももいます。これは、暴力的に関わることでその子どもが相手をしてくれたり、周りの大人が反応してくれたことが強化刺激となり、増長していった例と考えられます。

親にもよく怒られます。親の言うことをよく聞かず、いつもぼーっとしているように見えたりもします。

先生からもよく怒られます。

「みんな、外に出ましょう」

と先生が言ったのに、外に出ずに教室内でうろうろしている子どもがいます。

この子どもは、先生の話を聞いていないのではありません。聴覚的短期記憶が弱いので、先生が言ったことが記憶できていないだけなのです。

この子どもに対して、

「何してるの。今、外に出なさいと言ったでしょう。いつも何にも聞いていないんだから」

と怒ったとします。

この子どもが、自分が外に出るということを認識することができずに、ただそのまま教室にいるだけだとしたら、これは禁句です。言ってはいけない言葉です。これを言ったらこの子どもは、全人格を否定されたように思うでしょう。

もう一度言います。聞いていないのではありません。記憶できていないだけなのです。紙に書いてあげればいいのです。黒板に書いてあげればいいのです。

「おそと」と。字が読めないのなら、外の写真や絵を見せてあげればいいのです。

これが、「視覚支援」です。早い段階で視覚支援を試みれば試みるほど、不安の増大化を最小限に止めることができるのです。最小限に止められなくとも、その子どもが怒られる機会が減るのではないでしょうか。のちに述べますが、私が最も重要だと思うのはここなのです。怒られる機会を減らし、その子どもの自信を喪失させる体験を減らしたいと思っているのです。そして、不安の増大化を止めたいのです。

目で見ることと耳で聞くことの本質的違い

「皆さんは、見ることと聞くことの違いが分かりますか」

この質問も、私が講演会でよく投げかける質問です。

聴衆者の皆さんは一瞬シーンとなり、斜め45度を見つめながら考え込みます。あまりこのようなことを考えたことはないと思うのです。読者の皆さんもまずは、これ以降に書いてあることを読まずに「見ることと聞くことの本質的な違いは何か」について、一瞬でもかまいませんので考えてみてください

見るものというのは、見せている間は消えない情報です。これに対して聞くものというのは、一瞬一瞬消えていく情報です。

「おそと」という黒板に書かれた文字は、消さない限りはそこに書かれたまま残っています。しかし実際に発声した「おそと」という言葉は、言った後には何も残りません。

すなわち、視覚支援というのは、視覚を支援しているのではありません。記憶力を支援して

いるのです。すなわち、記憶する代わりに記憶すべきことを見せているのです。視覚支援とは、聴覚的短期記憶の弱さに対する支援なのです。

ある小学校で、視覚支援の必要のない子どもに一生懸命カードを見せて追いかけ回している先生を見かけました。その子どもは、小学校4年生の多動性の目立つADHDの子どもでした。ADHDの子どもの中には、聴覚的短期記憶が高い子どもが多くいます。そこで、この子どもも聴覚的短期記憶が高いのではないかなと思って観察を続けると、聴覚情報のキャッチはとてもいいのです。どこかでその子どもの興味のある話が出れば、すぐにそこに飛んでくるような子どもです。聴覚的短期記憶はいいのですが、興味が散漫になるようなタイプで、時々刻々といろいろなものに注意が向かってしまうので、聞いてないように見えるだけです。この子どもに文字カードや写真カードを持って見せようと思って追いかけ回しても意味はありません。注意が余計に散漫になってしまうだけです。視覚支援の必要はないでしょう。注意を喚起して聞かせればいいのです。「〇〇ちゃん、よく聞いて」と言って、簡潔に指示すればいいのです。

視覚支援は、特別支援教育の支援のチャンピオンのような存在です。今や、いろいろな学校や生活場面で視覚支援はあふれています。とても良いことだと思っていますが、その本質は、聴覚的短期記憶の弱さを助けているのです。これを分からずに行っても意味はないのです。視覚支援の本質は、聴覚的短期記憶を補うものです。聴覚的短期記憶の良い子どもにやる必要はないのです。

したがって、支援というのは、何でもかんでもやればよいというものではありません。支援の対象となる子どもや大人の認知の特性をつかみ、その実態に応じて弱さを補うようなものでなければ意味はありません。

これを私たちは、実態把握といったり、心理的アセスメントといったりしています。

小学校段階の学力のつまずきと社会性の発達の関係

ここでもう一度、六つの学ぶ力を思い出してください。

1. 聞く力
2. 話す力
3. 読む力
4. 書く力
5. 計算する力
6. 推論する力

聞く力の正体が聴覚的短期記憶だというメカニズムが分かってくると、この聞く力が話す力、読む力、書く力、計算する力といった基礎学力の形成に大きく影響を及ぼすことが理解していただけるようになってきたと思います。

聞く力は、認知能力の中でも最も基礎的な力であり、認知能力を背景として学習する力、社会性や対人関係を調整する力を発達させるのです。そして、学習する力を使って学力を身につけていくのが人間なのです。

あらためて、聞く力、すなわち聴覚的短期記憶と学習能力の関係を見ていきます。

さて、小学校段階になると、国語、社会、算数、理科、生活、音楽、図画工作、家庭、体育、道徳、特別活動、最近では、総合的な学習、外国語活動などという授業が開始されました。

当然、聞く力に課題がある、すなわち聴覚的短期記憶が弱いということは、小学校という学力習得の場へ参加するモチベーションを著しく低下させます。教師や他の児童とのコミュニケーションを前提として、小学校の授業は構成されています。そんな中で、教師にほめられたり、他の児童に賞賛されたりすることで、学習へのモチベーションは高くなるのです。ですから、コミュニケーションの始まりの段階、入力の段階である聞く力、すなわち聴覚的短期記憶に弱さがある子どもの学習に対するモチベーションは高まるわけがありません。そこで、聴覚的短期記憶の弱さを補う支援が必要になります。

「聞く力」の弱さを持った子どもにとっては、音声言語のみの授業というのは苦痛以外の何ものでもありません。続けられれば、やがて授業そのものにまったく参加できない状況が生まれ、一カ月もその状況が続けば、「学習性無力感」を持つことになります。そして、授業だけでなく、日々の遊びや対人的なやり取りに対してもやる気を失ってきます。その最たる例が不登校と呼ばれる状態でしょう。不登校までいかなくても、学校が面白くないところに思えてくるでしょう。

学校という場所は、学力習得の場であると同時に社会性獲得の場でもあるのです。ところが、学力のつまずきから社会性の学びの場を失い、不登校までいかなくても友達関係からの逃避が起こり、以後、長期的に社会性の成長に悪い影響を及ぼすことになるのです。社会性を学ばせるためには、「聞く力」を支援しながら常に「予測する力」を育てる必要があります。「聞く力」を支援すれば、学習の苦痛を回避し、いくつかの課題に対して達成感が生まれてくるでしょう。そこで、教師や指導者、親は、すかさずほめることが大切です。ほめることにより強化学習されて、学習そのものだけではなく、人間関係などに対しても効力予期、すなわちなんかうまくいきそうな気がするという自信がわき、あらゆることにチャレンジしていけるようになるのです。これが「予測する力」です。

この予測する力を持つような機会をたくさんつくる、すなわち子どもたちの学ぼうとする意欲を高めることが、「推進する力」を育み不安の増大化を止めることになります。詳述していきますが、ほめられるような体験を多く積み、効力予期の感覚をたくさん持つことでしか「反社会性の進行」を止めることはできないのです。

　この予想する力というのは、6番目に挙げた、「推論する力」を発展させた力です。推論する力は、基礎学力における推論する力というだけでなく、人間が生きていく上で重要な力であると考えられます。すなわち推論する力は、いわゆる「場を読む力」とか「人の気持ちを理解する力」と大きく関係しているのです。

　学力形成において重要であることは言うに及ばず、人の気持ちを理解することは、社会性や対人関係の形成においても重要です。

　聞く力の弱さが推論する力の弱さを導き、最終的には社会性や対人関係の弱さに影響を及ぼしていくことになるのです。

学習性無力感

　これまで学ぶ力について述べてきましたが、学習には、力と共に学ぼうとする意欲が必要です。しかし、最近の子どもたちは、学ぼうとする意欲を失っているのではないかと心配しています。

　米国人心理学者で、うつ病と異常心理学に関する世界的権威であるマーティン・セリグマン(Martin E.P.Seligman)が発見した「学習性無力感」という現象があります。これは、学力のつまずきと社会性の発達を考える上での最も重要なキーワードであると私は考えています。

マーティン・セリグマンは、犬に対して次のような実験を行いました。

犬に電気ショックからの回避反応を学習させる訓練場で、犬が電気ショックから回避できないようにして、電気ショックを繰り返し体験させたのです。すると、どうなると思いますか。犬は、受動的にショックを受けるままになってしまい、「僕のことなんてどうにでもしてくれ」という状態になってしまったのです。

次に、その犬を電気ショックから回避できる別の訓練場に置きました。

しかし、犬は無気力になり、電気ショックを繰り返し与えられても逃げようともせず、無抵抗にショックを受け続けるのです。

なんとも悲しい状況だと思いませんか。

何が言いたいかというと、無力感の本質は、苦痛な外傷体験そのものではなく、外傷をコントロールできないという「対処の不可能性」の継続学習なのです。それは、他の対応可能な、すなわち頑張って克服できるであろう課題に対しても、学習意欲を取り去ってしまうことになると言っているのです。

言い換えれば、どれほどの苦痛を味わっていても、その苦痛から逃げることができたという体験をしていれば、どんな苦痛に対しても立ち向かっていけるのだということです。

漢字の学習をしていても習得が進まず、一方的に叱責を受けるLD児の中には、漢字学習だけでなく、計算も運動に対しても、またまた遊びに対しても熱意を示さなくなってしまったという例を私はたくさん知っています。まさに「学習性無力感」を持ってしまったということなのです。

読み書きの学習においては、子どもの得意な認知の仕方に気づかせ、「自分で実行できる量の練習や努力によって、改善が得られるのだ」と分からせてあげることが最も大切なのです。習得した文字がわずかであってもかまいません。「できた、できた、できた、やればできた、ほめられた」という体験こそが、自己効力感の形成につながり、漢字学習は、子どもが対処するべき課題となり、計算、運動、遊びへの意欲の形成につながっていくのです。

一方では、学校秩序の維持とか学習規律といって、授業をさぼったり教室から逃げ出すことを絶対禁止としておきながら、もう一方では、さっぱり分からない、面白くない授業をやり続けるということは、それを受けている子どもが、得意なことに対しても無気力になる危険性をはらんでいるということです。

ここで誤解してほしくないのは、私は学校秩序の維持や学習規律を否定しているのではありません。むしろ、最も大切なことであると考えています。教師と生徒といった場合、教師は教えるもの、生徒は教わるものという師弟関係の確立こそが学びの原点です。しかし、それは授業が分かるものであるということが大前提なのです。

このことに教師や親たちは気づかなければなりません。人間の行動というのは、すべてがつながっているものなのです。特に感受性の高い子どもたちには、無力感を学習させてはいけないのです。

第四章　反社会性を生むＡＤＨＤ

生活に支障をきたすＡＤＨＤ

不注意性、多動性、衝動性の三つの症状が幼児期から見られ、学生時代には忘れ物や遅刻が多かったり喧嘩をよくし、大人になってからも仕事で支障をきたし困難なのがＡＤＨＤ（注意欠陥多動性障害）です。

不注意性というのは、次のようなことです。

・片づけが苦手で、忘れ物が多いとか、いつも何かを捜していることが多い。
・仕事の間違い、やり残しが多い。
・気が散りやすく、人の話を長時間聞くことができない。
・興味のないものに長時間取り組むことができない。

そして、多動性というのは、次のようなものです。

・学童期に学校で着席できずに、先生によく注意された。（移動性の多動）
・休日などの買い物では、店から店へ常に動き回っている。（移動性の多動）
・いつも手足を動かしたり、よそ見をしたり、姿勢も崩れやすい。（非移動性の多動）
・テレビなど、常にチャンネルをカチャカチャ替えないと気が済まない。（非移動性の多動）

大人になると、動き回るような移動性の多動は影を潜めますが、常に膝をガタガタといわゆる貧乏ゆすりをしていたりペンをグルグル回していたり、髪の毛を常に触っていたりといった非移動性の多動は残ります。

また、テレビのチャンネルをカチャカチャ替えないと気が済まないのは脳の中の多動性です。おしゃべりも口の多動性で自分一人でしゃべり続けたり、あたりかまわず大声でしゃべったり、静かに黙ることができない人が口の多動性を持っている人です。さらに、つねにスナック菓子などを食べ続けているような人も口の多動性によるものであると私は考えています。

もう一つ、衝動性というのは次のようなものです。

・口より先に手が出て、暴力をふるってしまう。
・人の話が終わるのが待てなくて、さえぎるように話し始めてしまう。
・一番になりたい。独占したい。順番が待てない。何かを待つのが苦手。
・他人の行動に横から入り、すぐにちょっかいを出す。
・衝動買いが多く、カードローンで破産してしまった。
・思いつきですぐに行動してしまって、あとで後悔することばかり。
・ささいなことで口論ばかりしていて、我慢できないトラブルメーカー。

怒りっぽい人や暴力的な人などは、衝動性がある人の場合が多いと言われています。

ＡＤＨＤには、①混合型　②不注意性優勢型　③多動性─衝動性優勢型の３種類あります。

前記の三つの症状がそろった混合型ＡＤＨＤと多動性─衝動性優勢型ＡＤＨＤは、ＡＤＨＤ

図4−1　さまざまなADHD

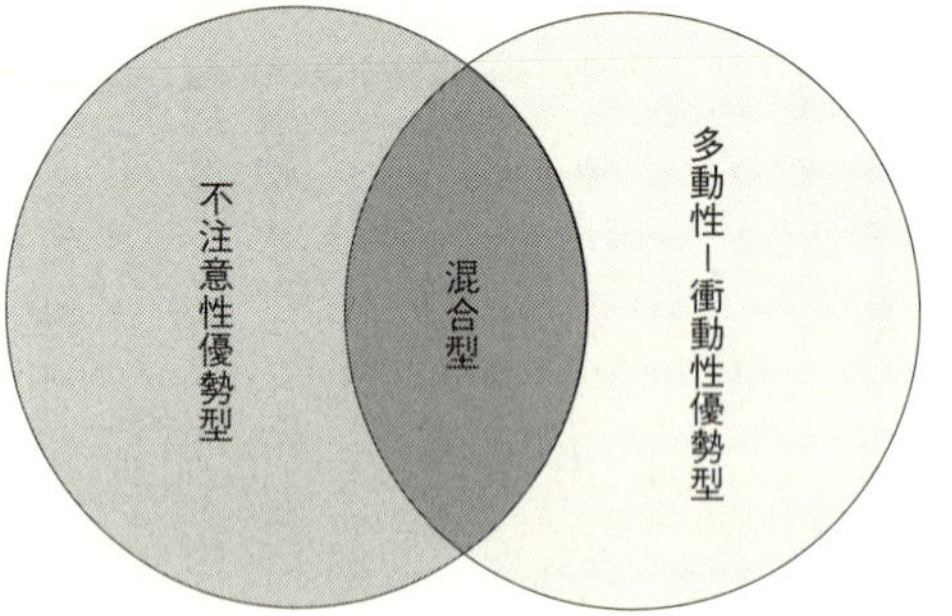

と気づかれやすいのですが、不注意性優勢型ＡＤＨＤは、なかなか気づかれにくいと言えます。私は、このタイプをサイレントＡＤＨＤと言っています。子ども時代にはだらしない子どもとして叱られやすく、大人になると片づけができないだらしない人と思われます。

不注意性優勢型ＡＤＨＤは、動きが鈍くぼーっとしていて、指示をなかなか行動に移すことができません。片づけが苦手な上に、スケジュールに従って時間通りに行動できないので、ごみ出しが苦手です。家の中がごみ屋敷になったり、子どもを学校に行かせることができなかったりします。いわゆる育児放棄の親の中には、この傾向を持った人が多いのではないかと推測できます。

ＡＤＨＤの現状

第一章でＡＤＨＤの定義を載せました。もう一度書きますと、「ＡＤＨＤとは、年齢あるいは発達に不釣り合いな注意力または衝動性、多動性を特徴とする行動の障害で、社会的な活動や学業の機能に支障をきたすものである。また、７歳以前に現れ、その状態が継続し、中枢神経系に何らかの要因による機能不全があると推定される」です。

ＡＤＨＤとは、Attention-Deficit/Hyperactivity Disorderの略で、私たちは注意欠陥多動性障害とも呼んでいます。しかし、この略語に私は少し疑問を感じています。注意欠陥というと、あたかも注意力そのものがないようなイメージを抱くからです。私は、年間50人以上のＡＤＨＤの子どもたちを観察していますが、注意力がないというよりも、いろいろなことに注意が移りやすいタイプが多いからです。むしろ、注意欠陥というよりも多注意といった方がいい感じの子どもが多いと思っています。

いずれにしても、注意という面では課題を持っています。ほかにも、やはり記憶という面で課題を持っているタイプが多くいます。

さらに行動抑制、衝動などの課題を持ち、自閉症、ＬＤ（学習障害）などの特性が複合していることもよくあります。

前掲の『ライフサイクルからみた発達の基礎』によると「出現率は３～７％程度、男女比で

4：1から9：1と男子に多い。出現率を5％とすれば、40人程度のクラスでほぼ2人、各学年5クラスの小学校で約60人程度がＡＤＨＤである。大人も含めれば、全国で700万人程度はＡＤＨＤということになる」とあります。

クラスに多動性―衝動性タイプのＡＤＨＤの児童生徒が二人いれば、授業の成立が難しいと考えられています。しかし、授業観察をしてみると、たとえＡＤＨＤの児童生徒が3、4人いても授業を成立させている素晴らしい先生もたくさんいますし、ＡＤＨＤと診断されている児童生徒がいないクラスでも私語の多いうるさい授業もたくさんあります。したがって、授業が成立しない原因は、ＡＤＨＤの児童生徒がいることではなくて、授業者である教師側の子どもへの対応や授業のやり方にあるのではないかと思っています。

どう子どもに対応するか、どんな授業のやり方があるかは後ほど書きますが、まずはＡＤＨＤをタイプ別に分けて、その児童生徒像を明らかにしていきましょう。

なぜＡＤＨＤが問題なのか

ここでは、ＡＤＨＤの問題を語る前に、私が発達障害に興味を持ったきっかけについてお話ししたいと思います。

私はもともと中学校の教員から職業生活をスタートさせ、いわゆる非行・問題行動への関心から発達障害の研究に入った人間です。

私が中学校の教員になった頃は、「３年Ｂ組金八先生」の「腐ったミカンの方程式」というドラマがテレビで放映されていました。私は金八先生の熱烈なファンで、よく観ていました。

インターネットで「金八先生」を検索して物語のあらすじを読みながら、そのドラマを思い出してみました。

俳優の武田鉄矢さん演じる中学校教師が、校内暴力を起こした生徒との関わりを描く中で、「腐ったミカンが箱の中に一つあると、他のミカンまで腐ってしまう。他のミカンを救うためには、腐ったミカンは放り出さなければいけない」という腐ったミカンの論理に立ち向かい、「人間の性根が腐ってしまうことなんか絶対にない」という信念のもと、その生徒を学級の生徒との関わりの中で立ち直らせていく姿を描いていたと思います。警察が学校で生徒を補導する衝撃的なシーンの中で印象的なセリフがあります。

武田鉄矢さん演じる金八先生がしゃべっているイメージで読んでみてください。よく物真似タレントが、やっていますね。

「そりゃあ、人間辛い目に遭って、あちこちぶつけてりゃ、誰だってどっか腐ってきます」

「でも相手はミカンじゃない。人間なんですから」

「我々は機械やミカンを作っているんじゃないんです、人間をつくっているんです。そして、人間の性根が腐りきってしまうことなんか、絶対にあり得ないんです。それを防ぐのが我々教師じゃないいんですか。そして、もしもそれができないのであれば、我々は教師を辞めるべきなんです。今の僕は、加藤を見殺しにするような真似は絶対にしたくないんです」

この加藤は、非行・問題行動を起こしている生徒の役名です。

当時、非行・問題行動の生徒は腐ったミカンであり、警察権力を導入して学校から排除しなければいけないとか、教育現場に警察権力はそぐわない、教育の力で何とかすべきだといった議論を、夜遅くまで私たち教師も実際に学校の職員室でしていました。私の勤務していた中学校では、暴力を止めるには社会的責任を負わせないと無理だという結論に達して、警察の導入を決めました。

私が教師になった1980年代は、全国の中学校が校内暴力に荒れていた頃であり、私は暴力をどう収束させるかということを常に考えていました。

私自身も生徒と殴り合いになり、けがをした経験を持っています。

今でも覚えています。ある生徒がロケット花火に火をつけて、グランドから教室に向かって飛ばしました。私は、その生徒を追いかけてグランドの端っこでつかまえました。私は、その生徒に向かって言いました。「バカなことするなよ」。私は、愛情いっぱいに優しく言ったつもりでした。その生徒は、今思えば、言葉をその字義通りにしか理解できないタイプの生徒だったのです。例え話や行間を読むのが苦手なタイプだったのです。聴覚的短期記憶も弱かったかもしれません。その生徒は、「おれは、どうせバカだよ」と言って殴りかかってきたのでした。私一人が優しくバカだなと言えば、自分の愛情が伝わると勝手に思っていたにすぎなかったのです。当時の中学校教師は、多かれ少なかれ、こういう経験をしています。そして、認知の弱さや発達障害についての知識は持っていなかったのです。ただ、そのとき私は、何か変だぞ、なぜ気持ちが伝わりにくいんだろうという思いを持っていたのです。

そして、学力の遅れのある生徒、コミュニケーションのとれない生徒、すぐに暴力をふるう生徒、感情をコントロールできない生徒について、問題意識を持って考え始めたのでした。これが今につながっています。

ですから、私にとって発達障害について論じることとは、反社会性の進行とは何かということを明らかにして、どうすれば止めることができるのかを論じることと同等の意味があるのです。

さて、今から詳しく述べるＡＤＨＤは、反社会性の進行と最も結びつきやすい障害です。

したがって、まずＡＤＨＤと非行・問題行動について書かなければならないと思っています。

非行・問題行動を発達障害の臨床として科学的に分析することが、今の学校教育や青少年の指導には有用であるととらえています。

反社会性は進行する

ＡＤＨＤの場合は必ず反社会性の進行を想定しなければなりません。

その第一段階をＡＤＨＤとすれば、第二段階がＯＤＤ（反抗挑戦性障害）、第三段階がＣＤ（行為障害）、そして第四段階が反社会性人格障害です。このように四つのステージを進行していきます。

それぞれの段階として想定されるＯＤＤ、ＣＤ、反社会性人格障害についてまずは説明し、それぞれの関連を反社会性の進行という概念でまとめるという説明方法をとります。

ＡＰＡ（アメリカ精神医学会）が作成した「精神障害の統計・診断マニュアル」であるＤＳＭ－Ⅳ－ＴＲ（Diagnostic and Statistical Manual of Mental Disorders）は、ＷＨＯ（世界保健機関）が定めたＩＣＤ－10（International Classification of Diseases：国際疾病分類）と並ぶ精神医学的な疾病分類と診断基準の国際的なスタンダードですので、順番に紹介します。

【1．ＯＤＤ】

小・中学校の先生方のうち、女性の先生方は、その多くが児童生徒から「くそばばあ」と言われた経験を持っています。今から説明するＯＤＤというのは、自分にとって有益なことであっても反対したり、周りにいる人、特に大人に対して挑戦的かつ挑発的であったり、その上に反抗的な態度をとり、反発的な行動をしてしまったりするものです。特に9歳前後で認められ、同年代の子どもの行動と比較して著しく度を越した行動が認められるものです。

ＤＳＭ－Ⅳ－ＴＲより、ＯＤＤの診断基準を引用してみます。

Ａ．少なくとも6カ月持続する拒絶的、反抗的、挑戦的な行動様式で、次のうち四つ（またはそれ以上）が存在する。

・しばしばかんしゃくを起こす。
・しばしば大人と口論をする。
・しばしば大人の要求、または規則に従うことに積極的に反抗または拒否する。
・しばしば故意に他人をいらだたせる。
・しばしば自分の失敗、不作法を他人のせいにする。
・しばしば神経過敏または他人からイライラさせられやすい。
・しばしば怒り、腹を立てる。
・しばしば意地悪で執念深い。

（注意）その問題行動が、その対象年齢および発達水準の人に普通認められるよりも頻繁に起こる場合にのみ、基準が満たされたとみなすこと。

Ｂ．その行動上の障害は、社会的、学業的、または職業的機能に、臨床的に著しい障害を引き起こしている。

C．その行動上の障害は、精神病性障害または気分障害の経過中にのみ起こるものではない。

D．CDの基準を満たさず、またその者が18歳以上の場合、反社会性パーソナリティ障害の基準は満たさない。

【2．CD】

9歳前後にODDが認められ、さらに成長すると、これらの子どもは問題行動がさらにエスカレートし、万引きなどの法に触れる行為（触法行為）、人や動物に対する過度の攻撃性や暴力、重大な規則違反が見られ、もはやODDのレベルを超え、従来の「非行」と同等の程度にまで進行していきます。これをCDといい、非行と同義の言葉と考えてもいいと思います。

上記と同様に、DSM－Ⅳ－TRよりCDの診断基準を引用してみます。

A．他者の基本的人権または年齢相応の主要な社会的規範または規則を侵害することが反復し持続する行動様式で、以下の基準のうち三つ（またはそれ以上）が過去12カ月の間に存在し、基準の少なくとも一つは過去6カ月の間に存在したことによって明らかになる。

〈人や動物に対する攻撃性〉

・しばしば他人をいじめ、脅迫し、威嚇する。

・しばしば取っ組み合いの喧嘩を始める。
・他人に重大な身体的危害を与えるような武器を使用したことがある（例：バット、煉瓦、割れた瓶、ナイフ、銃）。
・人に対して残酷な身体的暴力を加えたことがある。
・動物に対して残酷な身体的な暴力を加えたことがある。
・被害者の面前での盗みをしたことがある（例：人に襲いかかる強盗、ひったくり、強奪、武器を使っての強盗）。
・性行為を強いたことがある。
〈所有物の破壊〉
・重大な損害を与えるために故意に放火したことがある。
・故意に他人の所有物を破壊したことがある（放火以外で）。
・他人の住居、建造物、または車に侵入したことがある。
・物や好意を得たり、または義務を逃れるため、しばしば嘘をつく（すなわち、他人をよくだます）。
・被害者の面前ではなく、多少価値のある物品を盗んだことがある（例：万引き、ただし破壊や侵入のないもの、偽造）。

・親の禁止にもかかわらず、しばしば夜遅く外出する行為が13歳以前から始まる。
・親または親代わりの人の家に住み、一晩中、家を空けたことが少なくとも2回あった（または長期にわたって家に帰らないことが1回）。
・しばしば学校を怠ける行為が13歳以前から始まる。

B．その行動の障害が臨床的に著しい社会的、学業的、または職業的機能の障害を引き起こしている。

C．その者が18歳以上の場合、反社会性パーソナリティ障害の基準を満たさない。

【3．反社会性人格障害】

ADHDからくる反社会性の進行は、不安定な対人関係や衝動的行動を特徴とする反社会性人格障害を誘発します。

ここに、DSM－Ⅳ－TRから反社会性人格障害についての診断基準を引用します。

A．他人の権利を無視し侵害する広範な様式で、15歳以来起こっており、以下のうち三つ（またはそれ以上）によって示される。
・法にかなう行動という点で社会的規範に適合しないこと。これは逮捕の原因になる行為を繰り返して行うことで示される。

・人をだます傾向。これは自分の利益や快楽のために嘘をつくこと、偽名を使うこと、または人をだますことを繰り返すことによって示される。
・衝動性または将来の計画を立てられないこと。
・易怒性および攻撃性。これは、身体的な喧嘩または暴力を繰り返すことによって示される。
・自分または他人の安全を考えない向こう見ずさ。
・一貫して無責任であること。これは仕事を安定して続けられない、または経済的な義務を果たさないということを繰り返すことによって示される。
・良心の呵責《かしゃく》の欠如。これは他人を傷つけたり、いじめたり、または他人の物を盗んだりしたことに無関心であったり、それを正当化することによって示される。
B．その者は少なくとも18歳である。
C．15歳以前発症のＣＤの証拠がある。
D．反社会的な行為が起きるのは、精神分裂病や躁病エピソードの経過中のみでない。

文部科学省のＡＤＨＤの判断基準

以上に述べたのは、米国の精神科のお医者さんたちが活用している診断基準を翻訳したものです。これでもおおむねイメージはわくと思いますが、わが国の文部科学省がいう判断基準もあります。判断基準と書きましたが、診断基準の間違いではありません。文部科学省は、医師のためにつくったのではなく、各都道府県や市町村の教育委員会の専門家チームがADHDかどうか判断するために基準をつくったので判断基準といいます。すなわち診断するのは医師であり、専門家チームはあくまでも判断しているということになります。

文部科学省は、特別支援教育の推進という施策を掲げています。2003年3月に文部科学省は、「今後の特別支援教育の在り方について（最終報告）」の中で、「広い視野をもって、専門家や医療、福祉等の関係機関との連携を推進していきます」と報告しました。

専門家チームとは、教育委員会におかれる教育委員会の職員、特別支援学級や通級指導教室の担当教員、通常の学級の担当教員、特別支援学校の教員、心理学の専門家、医師等で構成されるチームで、各学校に行ってLD、ADHD、高機能自閉症か否かの判断や、児童生徒への望ましい教育的対応についての専門的意見などを提示する役割を担っています。

私も2005年から4年間は教育委員会の職員として、2009年から2011年までの3年間は特別支援学校の教員として、広島市教育委員会の専門家チームの一員でした。

このおかげで、たくさんの幼児、児童、生徒を見ることができました。広島市立のほとんどの幼稚園、小・中学校、高等学校に行きました。理論学習だけでは得られない、実際に数多くの子どもたちを見た事実、この経験が私の実践力や、相談に対していかに的確に端的に助言できるかという助言力の源になっているのではないかと思っています。多くの学校現場などで、子どもを直に観察して、親や教師たちと直接議論して検証するという営みを長年続けられたことに感謝しています。

広島市は、政令指定都市であり１００万人都市なので、広島市立の幼稚園27園、小学校１４２校、中学校64校、高等学校９校、特別支援学校１校、計２４３もの幼稚園や学校を10年近く見て回った経験が今の私をつくっているといっても過言ではありません。その意味では、広島市の教育界の皆さんに本当に感謝しています。私のことをこんなにたくさん学校に呼んでいただき、貴重な機会を数多く与えていただいたことを感謝しています。

前掲の「今後の特別支援教育の在り方について（最終報告）」の中にあるＡＤＨＤの判断基準は次のものです。

次の基準に該当する場合は、教育的、心理学的、医学的な観点から詳細な調査が必要である。

A．次の「不注意」「多動性」「衝動性」に関する設問に該当する項目が多く、少なくとも、その状態が６カ月以上続いている。

〈不注意〉

・学校での勉強で、細かいところまで注意を払わなかったり、不注意な間違いをしたりする。
・課題や遊びの活動で注意を集中し続けることが難しい。

・面と向かって話しかけられているのに、聞いていないように見える。
・指示に従えず、また仕事を最後までやり遂げない。
・学習などの課題や活動を順序立てて行うことが難しい。
・気持ちを集中させて努力し続けなければならない課題を避ける。
・学習などの課題や活動に必要な物をなくしてしまう。
・日々の活動で忘れっぽい。

〈多動性〉
・手足をそわそわ動かしたり、着席していてもじもじしたりする。
・授業中や座っているべきときに席を離れてしまう。
・きちんとしていなければならないときに、過度に走り回ったりよじ登ったりする。
・遊びや余暇活動におとなしく参加することが難しい。
・じっとしていない。または何かに駆り立てられるように活動する。
・過度にしゃべる。

〈衝動性〉
・質問が終わらないうちに出し抜けに答えを出してしまう。
・順番を待つのが難しい。

・他の人がしていることをさえぎったり、じゃましたりする。

Ｂ．「不注意」「多動性」「衝動性」のうちいくつかが７歳以前に存在し、社会生活や学校生活を営む上で支障がある。

Ｃ．著しい不適応が学校や家庭などの複数の場面で認められる。

Ｄ．知的障害（経度を除く）、自閉症などが認められない。

ＤＢＤマーチ

ＡＤＨＤ・ＯＤＤ・ＣＤは、対応しなければ、必ず、ＡＤＨＤ↓ＯＤＤ↓ＣＤという悪化の一途をたどっていきます。

この一群の子どもの経過をＤＢＤマーチと呼んでいます。

ＤＢＤマーチというと何か行進曲のようなイメージを持つ方がいるかもしれませんが、この意味するところはとても深刻な内容です。

ＤＢＤというのは何かといいますと、Distructive Behavior Disorders のことで、破壊的行動障害のことをいいます。ＤＳＭ－Ⅳ－ＴＲでは、もともと、注意欠陥および破壊的行動障害というカテゴリーの中に、ＡＤＨＤ、ＯＤＤ、ＣＤなどの障害が記されています。この中身についてｔは、それぞれ前述しました。

1990年代にADHDの予後に対する研究が米国でなされましたが、約30%の子どもに症状の悪化や他の障害の合併が見られたと言われます。ADHDの子どものうち、周囲の不適切な対応と本人の衝動性などから、失敗経験と劣等感・自尊感情の低下、意欲の低下などを示し、二次的な障害として顕在化し、加齢とともに、ODDやCDに移行するケースがあるということが分かってきました。

ちなみに、わが国において全国の少年鑑別所入所者1481名に対して近藤日出夫が行った調査「鑑別判定の過程の分析」では、CDといわれた子どもの割合が56%で、ADHDといわれた子どもは17%であったとのことです。また、複数の調査研究では、ODDの30〜50%が数年後にCDと診断されるとのことです。

DBDマーチには賛否両論あると思います。あたかも発達障害が即犯罪に結びつくような間違った情報や、その少年の全体像を明らかにせずに一部のみを取り上げたマスコミ報道などから、正しい理解が進んでいないのも現状です。

ADHDと診断された子どもたちを、いかに二次障害を起こさないようにして自信や自尊心を伸ばしていくのかが、とても大切なことであり、教育、療育、福祉の側に問われていることではないかと強く感じています。

これから私たちは、何をしていったらいいのでしょうか。結局は、子どもに対する発達障害や認知の凹凸という観点からの理解や家庭環境も視野に入れたアプローチなど、トータルな視点による深い関わりから一歩ずつやるしかないのではないかと思います。

発達障害や認知に凹凸のある場合、周囲が早期に気づき、適切な支援を受けることができればＤＢＤマーチに乗ることもありませんし、いわゆる定型発達者と同じく良好な社会的適応が十分可能になると思います。

ここで定型発達者と表現しましたが、何をもって「定型」というのかがあいまいな表現であるので私はあまり使わない言葉ですが、ほかに適当な表現がなかったので使わせてもらいました。ここでは、発達障害のない、または認知の凹凸があまり目立たない人という意味にご理解いただければと思います。

しかし、教師や親、家族も含めて、周囲の人たちがその障害に気づかなかった場合には、コミュニケーションがうまくできていないという問題が発生します。教師や親、家族にとってみれば、うまく通じていると勘違いしてしまうケースがほとんどなために短絡的な行動、すなわち叱責や、場合によっては体罰、虐待事例までに及ぶわけです。

さらにコミュニケーションがうまくとれていないと気づいたときには、問題が顕在化したときであり、ＤＢＤの行進が一歩二歩と進んでいる状態となっているのが現状なのです。

胸が痛むと訴えてきた「狭心症」患者に対して、「肺炎」と誤診して心臓の精密検査をしなかったら、場合によっては死を迎えることになるかもしれないのと同じことです。コミュニケーションの困難さにより、病気や障害について、親や教師、周りにいる家族など身近にいる人が知らないということがよく起こります。

私が講演会をした後に、「先生、ちょっとご相談があります」と申し訳なさそうに呼び止められることが本当によくあります。相談がありますと声をかけられた親御さんの多くは、わが子が発達障害ではないかという不安を訴えてこられます。

私は医師への受診を勧めますが、抵抗を示される方も多くいるというのが現状です。そのときは、私の知っている信頼できる相談機関を紹介したりしています。場合によっては、どうしてもという方には、私が自ら検査をしたり相談に乗ったりしています。

最も大切なことは、早期発見です。おおむね幼少期に明らかになっていますが、知的遅れのないケースでは、親の側の障害受容ができていないケースも多くあります。わが子が障害者なんて信じたくないという気持ちはよく分かります。

しかし、大切なのは早期認知です。真正面から子どもの障害と向き合うことなのです。近くに信頼できる専門家がいればいいのですが、現状ではなかなか難しいかもしれません。

専門家を育てるためにも、今後とも講演をしたりして、啓発活動をしていく必要があると思っています。

そして、発見したのなら、治療をしながら教育を進める早期療育が重要です。これこそＤＢＤマーチという暗闇の世界から逃れて、良好な社会的適応と自尊感情をもって光の中を生きていく道を歩めるようになると考えているのです。

友達のいない子どもが増えている

また、このほかにもＡＤＨＤに関わるさまざまな問題があります。そのうちの一つが、友達のいない子どもが増えているということです。

私が教師となったのは１９８２年４月ですから、今から30年以上前のことになります。中学校３年生を受け持ったのがスタートでした。大学を卒業してすぐでしたから、22歳の私です。受け持っていた生徒たちは、14～15歳です。今思うと、年のあまり違わない未熟な私を先生、先生と言ってくれたのだから、本当にありがたいことだったと思います。

教師になりたてのこの頃、担任をすると必ずと言ってよいほど、ポツンとして、友達のいない生徒がいました。私には、年々その数は確実に増えてきているように思えてなりません。以前なら、クラスに一人ないし二人ぐらいの割合でいたように感じています。今では、クラスに４、５人いるのではないかと思います。これは中学生だけの話ではありません。

最近、あるテレビ番組で「便所飯《べんじょめし》」という言葉を聞きました。確か、現代の大学生の気質を取材したドキュメンタリー番組だったと思います。

便所飯とは、一緒に食事をする相手がおらず、特にトイレの個室で食事をすることを指す言葉だそうです。人目を避けて食事をする場所として、ほかならぬトイレを選ぶ理由としては、一人で食事しているところを誰かから見られたくない、人目につかない場所がほかにない、トイレの個室は誰にも邪魔されず、監視もなく、自分を守ってくれる空間であり、居心地がよい、といったものが挙げられていました。

よく似た言葉で、ランチメイト症候群という言葉もあります。

主な症状は、一人で食事することへの恐れと、食事を一人でするような自分は人間として価値がないのではないかという不安です。学校や職場で一人で食事をすることは、その人には一緒に食事をする友人、すなわちランチメイトがいないということだと当事者は考え、友人がいないのは魅力がないからである、そして一人で食事すれば、周囲は自分を魅力のない、価値のない人間と思うだろうという考え方が、恐れと不安を誘発します。すなわち、一人で隠れて食事をとることそのものが問題ではなく、そうなるに至った過度の恐れや不安が問題なのです。そのような考えに支配されてしまうと、断られることを恐れ、自分から誰かを食事に誘うこともできなくなり、ますます孤立してしまいます。

私には、今の学校、いや現代社会において、友達がいない人がいかに増えているかを象徴させる言葉に思えてなりません。

子どもや若者、元気のない大人に対しては、自分は価値のある人間であり、人から大切にされているという思いや、人に頼りにされているという思いを持たせるようにしなければならないのです。

そのためには、できれば10歳までに、せめて高校卒業までには自尊感情を育てていかなければなりません。

うつ病の危険性

自己評価の低下が続く状態になると、抑うつの危険性を伴います。しかし、発達障害や認知の凹凸がある場合にはどうしても問題行動が前面に出てしまうために、うつの存在を見逃してしまうと言われています。

特に、発達障害の中でもＡＤＨＤの子どもにうつ状態が認められやすいのです。それは、このタイプの子どもの問題行動が分かりやすく起き、なぜその子どもがそのような状態になってしまうのかということを周りの大人に考えてもらえずに、ただただ怒られ続けてしまうからです。そうなると、子どもの側は自己否定的となり、問題行動に拍車がかかるという悪循環に陥ってしまいます。

そして、自己評価が低下するため、ＡＤＨＤの子どもは、二次的にうつ病を発症する割合が高くなります。よって、うつ病についても知っておく必要があるのです。

うつ病の症状は、感情・思考・欲望といった精神面、また身体化することにより身体面に出現していきます。代表的な症状は、次のようなものです。

〈精神面〉

・興味や関心がなくなり、楽しめなくなる。
・知的活動などの能力、能率の低下が起こる。
・意欲や気力、集中力がなくなる。
・不安が前面に出てくる。

〈身体面〉

・食欲の増減、変化が起こる。
・睡眠障害が起こる。
・全身にだるさを感じる。

また、これらの症状は朝方がひどく、夕方から夜にかけては軽くなったと感じられ、日によっても変化します。

ＡＤＨＤのいいところを生かす八つのポイント

これまで、ＡＤＨＤの恐さばかりを語ってしまいましたが、ＡＤＨＤは、適切な対応と支援をしていけば、トラブルを起こさず社会で生活できます。障害の特性はマイナス面ばかりではありません。

行動力がある、人なつっこい、物怖《ものお》じしない、発想がユニークで新しいひらめきも多いなど、いいところもたくさんあります。個人の資質として素晴らしい能力を持っている人がたくさんいます。大切なのは、できるだけ早期に発見したり自覚したりして前向きに対応することです。

今から、ＡＤＨＤのいいところを生かす方法を八つ書きます。

【1．子どもの苦悩を「聞く」努力をする】

学校に勤務する教師や施設などの指導員、病院の医師に限らず、人間というものはいろいろなタイプがいると、この歳（現在52歳）になるとつくづく思うものです。いろいろな人と接してきた経験が増えているからなのでしょうか。

この「タイプ」というのは、その人の認知特性からきていると私は考えています。

教師でいえば、いつも教室はピカピカできちんと整理されているとても几帳面な先生、とても活発で手際よくテキパキと事に当たる先生、お酒が大好きでゴルフも大好きな先生などさまざまな方がいます。

教師同士であれ、教師と児童生徒の関係であれ、得意不得意なものがあっても当然だと思います。

私たちは、自分の認知の特性を自覚することが、社会性を育てる指導を行うにあたっての大前提となるのではないかと考えています。

この本でもＷＩＳＣ－Ⅳという知能検査について書きましたが、この知能検査は、知能を測定するためだけではなくて、人の認知の特性を分析するテストだと私たちは理解しています。私のようにこの検査を日々行っていると、検査にかけていない人間を観察するだけで、およそのその人の認知の特性を類推することができるようになります。最近では、「この人は聴覚的短期記憶が弱いから、紙に書いてメモを渡そう」とか、「あの人は不注意性があるから、待ち合わせをしたときに前日にもう一度、携帯電話で連絡してあげよう」とか、その人の認知の特性とそれに対する対策を考えられるようになってきました。大切なのは認知の特性を知り、それに合った対策を講じることです。

その上で、子どもの行動の裏側にある欲求や願いをつかむ努力をしていくことが大切だと考えています。どの子も、友達がいっぱい欲しいはずですし、誰とでも仲良く遊びたいと思っているだろうし、そこから一人ひとりに関わっていくことが大切だと思います。

発達障害のある子どもは、いじめの対象になったり、疎外されやすかったりする子どもが多いです。子ども一人ひとりの特性に気づき、疎外された子どもに寄り添うことができなければ、その子どもの苦悩まではなかなか手が届きません。集団生活になじめない子は何か原因を持っているものです。

そんなとき、10年前の私なら、家庭や家族あるいは学級、生い立ち、そういう状況にいる本人の心のひだにまで手が届き、心と心を裸にできれば、共感し合える関係が生まれてくるのだという甘い考えを持っていました。しかし最近では、それだけではなかなか共感し合えない子どもが増えてきていると感じています。いわゆるカウンセリングが効かない子どもが増えてきているのです。

それは、この本で述べてきた認知の特性において弱さを持った子どもたちです。コミュニケーションをとる上での基礎的な力が弱い子どもたちです。したがって、認知の特性をつかむということを共感の前段に加えてほしいと思います。最も基礎的で重要な認知の特性は、聴覚的短期記憶です。

この支援が必要ならば、ゆっくり話す、何度も話す、視覚支援などをして初めて通じる相手であり、これをしなければ、その次の段階である本人の心のひだに迫ることはできないのです。これが、ここ数年私が抱いている考え方です。

【2．成育歴を詳しくつかむ】

私たちは、「あの子はこんな性格だから」と比較的簡単に子どもたちを理解したかのように発言してしまいがちです。しかし、私たち自身もいろいろな顔を持っているのではないでしょうか。自分のことを他人から、あの人ってこんな人なのねなんて言われたら、何か一つの型にはめられたようでいらっとするのではないでしょうか。何が分かるんだ。私にはこんな面もあんな面もあるんだと、声を大にして叫びたくなるのではないでしょうか。大脳の構造上、認知の特性というのは確かにあります。それは今まで何度も言ってきました。しかし、人間というのは、その認知の特性を知った上で変わりたいと思ったとき、体面上は変わったかのように技術的に対応することが可能なのです。トレーニングによって技術を身につけ、認知の特性をカバーすることができるのです。

しかし、その子どもの認知の特性を知らなければ、何をどうトレーニングしていいか分からないと思います。そのためには、まずは生い立ちから知ることが重要であると考えています。認知の特性を知る上でも、検査のデータを裏付けたり補完するのに有効であるばかりでなく、環境要因の分析が有用であるからです。

しかし、個人情報の保護の観点から、必要以上の情報をたとえ相手が教師であっても知らせたくないという親はいるものです。これはこれで至極当然のことであり、教師に無理やり聞き出す権限はありません。

重要なのは、人間嫌いな子どもならなぜそうなったのか、その要因について共に語り合えたり、探り合えたりするような親との関係づくりだと思っています。

そして、何から改善できるかを分析し、ゆっくりと親とも話し合っていけたらよいのではないでしょうか。

まず、話し合える関係をつくり出すことが第一であると思います。それには、足しげく家庭に通ったり、教えてあげるなんていう姿勢よりも、共に考え、悩む姿勢。そしてある程度の信頼が生まれたら、やれそうなことから提言していくことが大事ではないかと思います。教師だからといって、その助言を神様の言葉のように受け取ってもらえる時代は半世紀以上昔のことです。もし、そのとき分かってもらえなくても、当然と思った方がいいかもしれません。往々にして、子どもが人間嫌いという場合、保護者も人間不信、もっと言えば教師不信の場合が少なくありません。教師からの提言を拒否されて当然なのです。小出しにして、ゆっくりポイントを稼ぐくらいに考えた方がいいかもしれません。それは、ちょうど買い物のポイントカードで５００円券を稼ぐようなものです。一回の提言で10ポイント。１００ポイントまでいけば、拒否していた姿勢が変わってきます。少し話を聞いてみようというようになるものです。

継続は力なり。小出しに続けましょう。受け入れてもらえるようになるには、５００ポイント稼ぐ必要があります。

一年かけて500ポイントを稼ぎましょう。無理のない範囲でゆっくり腰を据える教師の姿勢を見せればいいのです。


【3．小さな進歩を励ましてほめる】


脳科学者の茂木健一郎さんは、『脳を活かす勉強法　奇跡の「強化学習」』（PHP研究所）の中で、次のように「学習」のメカニズムを説明しています。詳しくはこの著書を参照していただくとして、概略を説明します。

人間は何かを達成したとき、脳の中に「ドーパミン」という脳内神経伝達物質を出します。「ドーパミン」は「快感」を生み出す脳内物質で、この分泌量が多いほど、人間は大きな快感・喜びを感じることが分かっています。

したがって、人間の脳はドーパミンが分泌されたとき、どんな行動をとったか克明に記憶し、事あるごとにその快感を再現しようとします。そして、もっと効率的に快感を得て、ドーパミンを分泌させるために、脳内では神経細胞（ニューロン）が増え、新しいシナプス（神経回路網）が生まれます。そのため、快感を生み出す行動が次第に癖になり、2回、3回と繰り返し続けていくたびに、その行動が上達していく。これが「学習」のメカニズムです。

脳の働きの本質は「自発性」です。脳に何かを強制することは、とても難しいのです。脳はポジティブな期待やほめられ体験を、とても良いものとして受けとめます。だからこそ「教育過程においては基本的に、ほめられることが大切」と言われているわけです。子どもを叱ったからといって、勉強をするようになることはまずありません。叱られた人間の脳は、やる気をなくしてしまうのです。もともと人間のモチベーション（やる気）というのは、その人の好きなことや、人からほめられた経験、人から認められるといったポジティブなものからしか生まれません。いわゆる「ほめて伸ばす」という教育方法は、強化学習の観点から見れば正しいやり方といえるでしょう。

もし叱るなら、そのやる気を軌道修正するときだけにしてください。行動自体を否定する叱り方は、子どものやる気を削《そ》いでしまうからです。これは子どもだけでなく、社会人にも同じことが言えるでしょう。

いつ叱るか。やる気を軌道修正するときというところが、私はすごく大切であると思います。

この茂木さんの言葉を実感するような出来事がありました。私の以前教えたとても勉強のできる生徒が、中学3年生のときに「僕は東大に行きます」と言いました。そして3年後、本当に東大に受かりました。しかし、受かった後、あまり大学には行かなかったようです。その生徒の目標は、東大に入ることだったのです。入学した途端にやる気を失ってしまったのです。

私は、この話を聞いて反省しました。「僕は東大に行きます」といったときに、なぜもっと深い話をしなかったのだろうか。そこで、「なぜ東大に行きたいのか」「何を研究したいのか」「君は何になりたいのか」「なぜそれになりたいのか」など、もっともっと突き詰めなければならなかったのです。

「東大に行くだけのためならやめてしまえ」、50歳を過ぎた私なら、胸を張って言えたでしょう。しかし、あの頃はそこまでの教育観を私はまだ持っていなかったのです。本気で叱ることができない教師だったのです。やる気の軌道修正を意図しているときに、本気で叱ることができるのです。あの頃は、ここのところが分かっていませんでした。

いかにこの考え方が重要であり、心にとどめておく必要があるか、ご理解いただけたと思います。

私自身、今のように講演を年に100回近くするようになったのも、講演を聞いてくださるたくさんの学校の先生方やお母さん方がほめてくれるからです。いろいろ特別支援教育の研修を受けてきたけど、竹内先生の講演が今までで一番面白かったと言ってくれるからです。分かりやすいとほめてくれるからです。

続けて聞いてみたいと言って、何度もリピーターになってくれる聴衆の方々がたくさんいるからだと思っています。その言葉を聞くたびに、私の大脳にドーパミンが噴射されているのです。ありがたいことだと思っています。

では、実際に子どもに対して何から始めたらいいのでしょうか。

それは、彼らの自分を変えよう、変えたいと思っている心に食い込んでいくことであると思っています。誰でもみんな、こんな自分、あんな自分になりたいという理想の自分というものがあるものです。その糸口を彼らと共に見つけ出すことだと思います。「こんなことやってみようかな」と言ってみたり、そんなそぶりが見えたりしたとき、その子どもが達成できる少し上の課題を示せたらいいのです。ここがとても大切です。達成できるものを示せないとほめられません。

もちろん、彼らから「こんなことを努力してみる」と言ってきてくれたら一番いいと思います。もしその子どもが絵がうまかったり、作文がうまかったりする子どもなら発表の場を設け、みんなの前でほめるのです。将来の大作家になるかもしれません。

みんなの前で認めてやることが大切なのです。少しずつの進歩を「うまい」「じょうず」「もう少しだ」と励ましてやれる大人が多くいることが、その子どもの周りの世界は安心できる世界となり、自分を前面に出していける条件となるのだと思います。

ほめるということは、愛を伝えるということなのです。

【4．一緒に遊び、交わり方を学ぶように支援をする】

本書の最初でも書きましたが、幼稚園の先生方に「私たちがものを学ぶときに使う力は何だと思いますか」と問うと、必ず「遊ぶ力です」という答えが返ってきます。なるほど幼児は、遊ぶことの中でいろいろなことを学んでいるのだと思います。

なにも遊ぶことから多くのことを学んでいるのは、幼児だけではありません。小・中学生、高校生も大学生でさえ、友達と遊ぶ中で多くのことを学んでいるのだと思います。さらに言えば、我々大人だって遊びから多くのことを学べるし、遊ぶ仲間をたくさん持っている大人は幸せです。

私は、実は照れ屋で友達が少ないと自覚しています。少ない友達を大切にしたいと思っています。その友達と飲みに行ったり、たまに旅行に行ったりする中で多くのことを学びます。

小学生なら昼休みにグランドに出て、共にボール遊びや大縄跳び、けん玉など、手を引いて一緒に遊ぶことから始めてはどうでしょうか。みんなと遊び、笑いながら、その楽しさや喜びを体得できるのではないでしょうか。そして、クラスの仲間の中から、「一緒に遊ぼうよ」と支える子どもが出てくるように、仲間づくりを進めることが大切だと思います。学級の中には、必ず、優しく気が利く女の子や男の子がいるものです。その子どもに「○○ちゃんに声をかけて遊んでね」と頼んだらいいと思っています。このときのポイントは、その子どもの負担にならないように頼んだ子どもの支援を念頭に置いておくことです。複数にするとか。嫌なら無理しないように常に声をかけておくことが大切です。

また、外で遊ぶことが苦手な子どもだったら、その子どもの得意とすることを、気の合いそうな友達と共に、まず教師と一緒に遊ぶことから始めるのがお勧めです。そして、「遊ぼうよ」って声をかけることから教えてあげることです。

子どもに交わり方の、スキルを教えてみてはいかがでしょうか。いわゆるＳＳＴ（ソーシャルスキルトレーニング）です。今後、学校教育で注目される教材は、社会性を高める技術を教えるＳＳＴだと私は思っています。

私は、遊ぶための交わり方として、次の五つを考えています。

1．「遊ぶ仲間をつくること、声をかけてみること」を教える。
2．その年代の子ども同士で使う言葉を使えるようにする。
3．遊ぶときのルールをみんなで決める。順番、約束ごとなど。
4．やめるときの雰囲気やタイミングを教える。
5．「楽しかったね」「うまかったね」と会話を交わし、気持ちよくさようならをする。

友達になりたいと思う相手をまず見つけることを教えます。そして、朝なら「おはよう」と声をかけることを教えます。

若者が使う言葉で話すことも大切です。マクドナルドは、マック。ミスタードーナッツはミスド。若者には独特の言い回しがあるものです。コミュニケーションの苦手なタイプの子どもたちは、書き言葉で言葉を学んでいるケースもあります。特に学力の高い子どもたちの中に、書き言葉で話をするタイプが多くいます。その子どもたちは、「昨日、日本マクドナルド本通店で月見ハンバーガーを食べました」なんてよく言います。なんとなく不自然です。「昨日マックで月見バーガー食ったよ」と言ったらと教えます。

遊びにはルールがあり、守らなければいけないことや、やめるときにもタイミングがあることも話します。ゲームで自分が勝っているときやみんなが白熱しているときは、我慢して続けることを教えます。自分がやめたくなったらやめるというのでは、世の中では通用しないことを言い聞かせるのです。

そして、最後は「楽しかったよ。また遊ぼうね」と言い、相手との今後の関係の継続を願っているということを意思表示することの大切さを教えるのです。

そうして、遊びの中から、友達にも喜びや悔しさなど、それぞれに感情があるということを学んでほしいと思います。

さらに、遊びの中でのいろいろなやり取りの中から、触れ合うこと、みんなで遊ぶ楽しさを少しずつ学んでいってほしいのです。

そして、いつか教師の手を離れ、自分から友達を求め、自分と友達の違いを見つめ、自分のことを見つめられるようになってほしいと願っています。

自分と友達の違いを見つめることでしか、友達を一人の大切な存在として認識する力は育ちません。また、自分のことを見つめることでしか、自分を一人の大切にされるべき存在として客観的にとらえる力も身につきません。

これらのことは、遊びながら遊びの中から学んでいくのが最も効果的なのです。

【5．支える友達をつくる支援をする】

学級の中で泣いているＡちゃんを見て、「先生、Ａちゃんどうしたの」と声をかけてくる子どもがいます。女子に多くいます。私はそういった気の優しい、世話好きの女子を昔からとても頼もしく思い、頼りにしていました。担任はそんな子どもに対して、話のできる範囲でＡ子の問題や家庭、生い立ちなどを語り、一人ひとりさまざまな歩みをしているんだということ、みんなの援助を必要としている仲間のいることを問いかけていかなくてはいけないと思います。

そして今から、しんどい友達を支える友をつくるにはどうしたらいいかを一緒に考えてみるのです。

ここに、全国生活指導研究協議会常任委員会編『新版　学級集団づくり入門（小学校編）』

(明治図書)、と同委員会編『新版　学級集団づくり入門(中学校編)』(明治図書)、という二冊の本があります。

全国生活指導研究協議会という民間研究団体で、私も1980年代から1990年代まで「集団づくり」について学び、いろいろな実践をしてきました。

特にこの二冊の本は、今も時々参考にしています。この本に詳しく書かれている5、6人の小集団を単位として実践される班づくりや核づくりは、この支える友達をつくる支援の方法としては、とても分かりやすくて効果的であると思います。

「集団づくり」によると、特にこの子どもに先頭になって支えてほしいという子どもに、担任は個別的接近をして担任の気持ちや方法をまず伝えていきます。もちろん、周りでできることの当面の目標、そして見通しを教えておく必要があります。取り組む生徒が疲れてしまわないように、仲間のできること、やれることの目標を持たせることが重要なわけです。

今、学級の子どもたち一人ひとりを見ると、友達同士悩みを語ったり、しみじみ会話をしている場面をあまり見かけません。一緒にグランドに出てサッカーやバレーボールをやったりするくらいで、友人関係は明らかに希薄化しています。学級が変われば友達付き合いもしなくなる。家に帰れば友達との行き来もほとんどないのが今時の小学生であり、中学生でしょう。学年が進むにつれて、その傾向は顕著になってきます。そのような子どもたちが、会話もできない、おとなしい仲間に根気強く付き合うということは、難しいのではないかと感じます。

そこで、「集団づくり」の考え方では、複数の生徒が小集団をつくる取り組みを開始するのです。この小集団を「班」と呼ぶのです。班づくりが学級づくりの基本であり、居心地のよい学級、班をつくり心を和ませることがスタート時点では重要視されます。その班の中に安心していられるような子どもを位置付け、取り組んでいくのです。

一人よりも複数でやると、疲れないいし、相談し合える。一人よりも複数で取り組むことで、取り組むことの輪が広がる。さまざまな個性に、取り組む側も学ぶことができる。そして、取り組みを個人的なものに終わらせることなく、班の関わり合いをつくる上で班の取り組みにしていくこと。班で大変なようなら「班長会」で話し合い、班を超えて学級の取り組みにしていく。このように仲間との関わりを教えていくのが「集団づくり」です。とても分かりやすい考え方ですね。たくさんの実践も蓄積されています。発達障害の子どもたちへの支援という観点からも、検証する必要があると私は考えています。

今の子どもたちは、対人関係が苦手であり、会話によってお互いの意思を伝え合ったり確認し合ったりするのが大なり小なり苦手であるように思います。その取り組みの中で、班なり学級なりのすべての構成員が学んでいくというのが根底にある考え方なのでしょう。さらに、取り組みの対象となっている子どもが、さまざまな角度から多くの仲間の愛を受け取ることができるというのが「集団づくり」です。

考え方としては今でも共感することも多くあり、きわめて分かりやすいものであると思うのですが、これには指導者の相当な力量が必要なのです。中途半端な実践は、子どもを傷つける危険さえあるように思います。

指導者側も、常に研究と実践を検証する仲間の支えが必要であることを付け加えておきます。

【6．楽しい集団活動をつくり、出番を与える】

社会性の弱い、友達のいない子どもというのは、自分を受け入れてくれそうな集団を見つける力はたけているという面も持っています。しかし、そのような社会性のない、友達のいない子どもを受け入れてくれる集団というのが絶対的に学校や社会に少ないので、見つける感覚にいくらたけていても実際に見つけるのは難しいかもしれません。

私が今から20年ぐらい前に勤務していた中学校に、アマチュア無線クラブというのがありました。今でもいろいろな学校にあると思いますが、アマチュア無線クラブとかコンピュータクラブ、アニメ同好会などは、スポーツクラブには入れないし、どこかの集団に所属していたいという、さみしがり屋で友達がいないタイプの子どもがたくさん集まるクラブのようです。このアマチュア無線クラブも、友達づくりの苦手な子どもがたくさん入部していました。私は、そのアマチュア無線クラブの顧問でした。当時、私もアマチュア無線の免許を取り、時々「ハローＣＱＣＱ」とアマチュア無線を楽しんでいました。そこで、このクラブの顧問となったのですが、今思うと社会性の弱さを持った生徒が学校中からこのクラブに集まっていたように思います。

そんな生徒たちのために私は、学校から1時間ぐらいで行ける世界遺産の宮島でキャンプすることを企画しました。企画には、子どもたちとも話し合いましたが、最初はみんな乗り気ではありませんでした。しかし、いざ、キャンプに泊まりがけで行くということになった途端、少しみんなの空気感が変わってきました。

「先生、夜ずっと起きとってもいい？」（これは広島弁です）と誰かが言い、「いいよ」と私が答えました。

誰かが「ゲームしていい？」、私は「いいよ」。子どもたちがどんどん話に乗ってきました。そこで、「朝起きてから夜寝るまでのスケジュールも食事作りや清掃の当番もみんなで話し合って決める」と私が宣言したのです。

すると、日頃友達とあまり話すこともなく、無線を一人ひとりがしていたのが、楽しそうに話し合い始めました。

話し合いは、キャンプが始まるまでの1カ月間、続きました。

あれから20年。この前、今はすっかり大人になっている元アマチュア無線部員に会いました。いまだにこのキャンプの話を懐かしそうに私にしてくれました。

どの子どもにも、その子どもに合った出番をつくることが大切です。これは、学校なら教師として、家庭なら親として、とても大切な仕事であり役割なのです。

子どもたちは、いつも自分が何か夢中になれることを探しています。特に自分に自信がない子どもは、やりたいと思っていても、チャンスがつかめないでいるのです。「怖い」と感じたり「分からない」と思ったり、心の中は不安でいっぱいです。

教師や親は、その子どものやりたいことや得意なことを探る必要があります。そして、学級や家庭で出番をつくらなければいけません。

その出番を、学級ならば学級の仲間たちと、家ならば親兄弟姉妹と一緒に企画することが大切です。

そして、実際に実行する中で温かい支え合いや助け合いが生まれることでその子どもは生かされるのです。そして成功したとき、温かな賞賛の拍手を受け取り、ドーパミンがその子どもの脳に噴射されます。

これが自信となり、集団の中でたくましく生きていく子どもが出来上がるのです。このようにしてしか社会性は育てられません。

【7．男子には男性脳、女子には女性脳の特性に応じた対応をする】

世のトラブルは、男女間のものが多くを占めます。学校を例に挙げると、若い男性教師が、小学校から高等学校まで女子の児童生徒から反発を受けるという事例に多く出合います。私のようなおじさん教師より若くてかっこいい男性教師の方が、どこからどう考えてもいいに決まっているはずなのに、実際はそうでもありません。男性教師は若い頃、女子の児童生徒の反発に苦労した経験を多く持っているはずです。

教師だけではありません。結婚して、夫婦間でコミュニケーションがうまくとれないなあと実感している方も多いのではないでしょうか。

『共感する女脳、システム化する男脳』（サイモン・バロン・コーエン著、日本放送出版協会）は、私に多くの示唆を与えてくれました。

この本に出会ってその理由が分かり、学校での指導方法についての相談に対して、男女間のコミュニケーションの特殊性を考慮しての助言をするようになり、言葉に深みが出てきたように私は勝手に思っています。

サイモン・バロン・コーエンは、もともと自閉症研究を中心に「心の理論」研究の領域で精力的に研究成果を発表してきた人ですが、この本はその理論を一般の男性女性にまで拡大して傾向を分析したものを一般向けに書いた本です。あくまで正規分布の平均の山がそういう傾向を示すというだけではあるのですが、この本の主張によると、「女性型の脳は共感する傾向が優位になるようにできていて、男性型の脳はシステムを理解し、構築する傾向が優位にできている」と説明しています。そして、自閉症者は「極端な男性型脳」であり、「著しく低い共感能力と、平均的または特別にすぐれたシステム化能力を持つ」としています。

自閉症の説明において「極端な男性型脳」という概念を導入していて、きわめて興味深い理論だと私は考えています。

コーエンの研究から、男性にしばしば認められる特徴と女性にしばしば認められる特徴を並べた興味深い表が、『発達障害のいま』（杉山登志郎著、講談社現代新書）に出ています。次ページの表がそれです。

表中の2の「心の理論」について説明しておきます。社会性の議論をする際に本質的な概念なので、ここで確認しておきたいと思います。前掲の『LD・ADHD等関連用語集第3版』に、「心の理論」についてこう書いてあります。

「他者に心や感情があるということを認識する能力。1歳前後から芽生える生得的な機能である。心の理論が芽生えることで、他児とのごっこ遊びやゲームなど社会性を持った遊びを楽しむようになり、子ども同士あるいは大人との相互的社会的関係を築くことが可能になる。心の理論は人の気持ちを読む能力、あるいは共感する能力と言ってもよい」

つまり2は、他人の気持ちを読む能力が、女性型の脳の方が得意であることを言っているのです。

この２「心の理論が得意な女性型の脳と、心の理論が苦手な男性型の脳」と、５「話し合いが得意で協調的な女性型の脳と、話し合いが苦手で自己中心的な男性型の脳」の二つの項目に注目してください。

男子の多い集団や男子を主として指導する場面ないし男子一人の指導においては、気持ちや感情を丁寧に説明しても効果はあまり期待できないということです。無駄とまでは言いませんが、その説明が長すぎれば「うざい」ととらえられてしまい、逆効果となる可能性があるということです。端的に、気持ちや感情を結論として述べればいいのです。そして、「おれについ

表4−2　男性の脳と女性の脳の違い

	男性の脳	女性の脳
1	・競争する	・分かち合う、順番を変わる
2	・心の理論が苦手	・心の理論が得意
3	・権力重視	・対人関係重視
4	・攻撃的、積極的	・間接的な攻撃
5	・話し合いが苦手で自己中心的	・話し合いが得意で協調的
6	・表情を読み取るのは苦手	・表情の読み取りが得意
7	・空間の視覚的認識が得意	・空間の視覚的認識が不得手
8	・組み立てるおもちゃが好き	・友達と遊ぶのが好き
9	・機械いじりが得意	・共感が得意
10	・物や活動を話題にする	・気持ちを話題にする
11	・事物を法則で分類する	・汎化が得意

て来い」的に指導していくことが効果を生むケースが多いと思います。これは、女性が指導者の場合も一緒です。相手が男子なら「私の言う通りにしなさい。間違いはないから」と言えばいいのです。

これに対して、女子の多い集団や女子に対する指導で「おれについて来い」は、反発を招くだけです。「おれについて来い」と言わなくても結論を提示し、解決を急ぐような対応は、反発を招きます。若い男性教師が受ける反発のほとんどは、こういう対応の繰り返しがきっかけとなっています。それでは、どうすればいいのでしょうか。

キーワードは、「言語化」と「時間」です。

おれについて来いではなくて、相手の女子生徒の気持ちを理解していることを言語化しなければだめなのです。黙ってうなずいてもだめです。「辛い思いをしているんだね」とか「さみしいんだね」と言語で返さなければいけません。言語でいちいち返すということは、当然「時間」がかかります。この「時間」が女性型の脳には必要なのです。時間をたくさんかけなければいけないということです。

女性型の脳は「時間」により気持ちや感情を蓄積させて、この先生ならついていこうとゆっくり思うようになるのです。それをおれにすぐについて来いとやってしまっては、うまくいくわけありません。

男性は女性を、女性は男性を、まったく別の生き物であり、今述べたような構造を知った上で対応しなければ理解してもらうことはないと思った方がいいでしょう。

【8．民主的な集団をつくる】

『有斐閣法律学小辞典第4版』（有斐閣）によると、「民主主義」とは、

1．意義　民主主義（democracy）の語源は、ギリシャ語のdemokratiaで、この語は人民を意味するdemosと、権力を意味するkratiaとが結合したものであり、「人民の権力」という意味を表す語である。民主主義は、極めて多義的であるが、リンカーン（Abraham Lincoln,1809～65）の有名な「人民の、人民による、人民のための政治」という言葉に示されているように、一応、人民が国家の権力を所有し、同時に、自ら権力を行使することと定義できるであろう。

2．民主主義と自由主義　民主主義はヨーロッパ近代の市民革命以後、人類の普遍的価値として主張されるようになったが、ロシア革命・中国革命による社会主義権力が出現してからは、まったく異なる二つのタイプの民主主義が対立するようになった。すなわち、精神活動の自由と所有権を中心とする個人の自由の保障を目的とする民主主義（自由主義）と、諸個人の平等の実現を目的とする民主主義との対立である。

3．日本の場合　明治憲法においては、天皇が統治権の総覧者とされ、その意味で主権は天皇に属したが、現行憲法は、主権は国民に属することを明定する一方、国民の参政権を保障して、はっきりと民主主義を採用している。

とあります。

民主的な集団といったとき、その集団には人権などの一定の制約はあるが、誰もが言いたいことを発言できるような集団ということが、その最も重要な要素となるでしょう。ソ連や東欧諸国の崩壊やベルリンの壁の崩壊に象徴されるように、自由主義こそが民主的な集団の最も大切な要素であると考えられます。さらに、個人として尊重するという基本的理念のもと、いじめや暴力は絶対的に否定する集団でなくてはいけません。

そして、構成員による話し合いにより、問題解決や取り組みを決定していく集団であり、そのためにはリーダーも一方では養成しなければいけません。最終的には、全員がリーダーとなれるような集団が理想となると思います。

このような集団の中にいなければ、生まれつき社会性に課題がある場合、人間を好きになることは難しいと思います。民主的な集団の形成は、友達づくりの基本となるのです。しかし、最初から民主的集団を用意するのは無理です。私が言いたいのは、民主的な集団をつくり、友達がいない子どもに取り組む中で、その構成員が、自ら自分の弱さやいたらなさを発見し自覚する営みとなるということです。そして、こういう作業の中でこそ、教師をはじめ指導者の考え方が子どもたちに理解され、人格の変革をもたらす可能性を持っているということです。

人間の特性は変わりません。ある者が、他者の考え方や生き方を変えることは不可能なのではないでしょうか。しかし、人それぞれが自分自身の考え方や生き方を変えることは可能です。自分が変革したとき、他者へのまなざしが変わり、一人ぼっちがいない、みんなが一人ひとりを大切にする民主的な集団が、結果として形成されるのだと思うのです。

民主的な集団をつくるためには、「他人を変える」という発想ではなく、「自分が変わる」という場面をつくっていくような取り組みを進めることが重要です。それには、人それぞれが、主体として集団に参加するような機会を設けて、人それぞれが実際に参加し実感することでしか実現しません。

第五章　子どもの発達障害と寄り添う

きます。

子どもの発達障害に向き合う

子どもの発達障害と寄り添うには、真正面から発達障害に向き合うことがまず必要になってきます。

親や教師から見て発達障害のある子どもは、「落ち着きがない」「だらしがない」「身の回りの整理整頓ができない」「不器用」「多動である」「衝動性がある」「人の話をきちんと聞けない」「自分の気持ちを言葉にできない」「友達をつくることができない」「すぐにキレる」などといった問題を抱えている子どもです。

これらは、基本的には「知的な遅れがない」ということが前提なので、「分かっているはずなのに、授業中になぜ立ち歩くのか」とか、「分かっているのに、どうして宿題をやってこないのか」と叱られることが多いのです。

LD（学習障害）、ADHD（注意欠陥多動性障害）、アスペルガー症候群、PDD（広汎性発達障害）などの「診断名」がついているかどうかは別として、親にとって「育てにくい」子どもであることには変わりはありません。

そして、親がいくら「育てにくさ」を感じていても、療育センターや病院の検査では、「知能検査の数値は正常範囲内です」「この時期の子どもには多くある状態です」「親が責任持って愛情を注いでください」という程度のコメントで、悩みをほとんど聞くようなこともなく帰されるケースがほとんどです。

親にしてみれば、毎日の生活の中で不安を感じさせるような子どもの様子に対して、「しつけ」の仕方が間違っていたのだろうか、甘やかしすぎたのだろうか、育て方が悪かったのだろうかと自分を責めている例が本当にたくさんあるのです。

発達障害に関わる講演後、本当によく聞くのが母親が自分を責めて悩んでいる言葉です。母親が、自分を責めて悩んでしまうのは、「周囲の理解のなさ」が一番の原因です。父親をはじめ、おじいちゃんやおばあちゃん、親戚たち、近所の人たちの「しつけができていない」という心ない言葉に打ちひしがれているお母さん方のいかに多いことか。一番問題だと思うのは、検査をした職員からの「お母さんの育て方に問題があるのではないか」という心ない言葉がけによって傷ついているケースです。

ＬＤやＡＤＨＤ、アスペルガー症候群、ＰＤＤという発達障害の原因は、「脳の機能不全」です。この「脳の機能不全」に原因のある「適応行動」の崩れが、育てにくさの正体なのです。

ここを理解することにより、お母さんの苦労が周りの人に見えてくるようになるはずです。「これまで、あなたは本当に頑張ってきたわね。この子はいい子よ。応援するから一緒にやっていきましょう」という優しい言葉がわき上がってくるようになるはずです。それが真実なのですから。優しさを取り戻すということはこういうことなのではないでしょうか。

子育ての中で、教育活動の中で、配慮することや子どものとらえ方が変わってくると思います。でも一番変革するのは、自分自身だと思います。お母さんの思いや子どもの姿を前向きにとらえようとする自分が復活するようになるのです。この章ではそのための対策をいくつか挙げたいと思います。

年齢ごとの発達課題

人間の成長とは、年齢の積み重ねだけではなく、その時々で超えなければいけない課題を超えていく歴史であると言えるのではないでしょうか。

したがって、親や教師は年齢なりの課題について人生を通して概観し、その道筋を理解しておくことが必要だと思っています。

この項では、年齢ごとの発達課題と乗り越えるポイントについて述べたいと思います。

それでは、始めます。

まず、乳児期については、第一章で詳しく述べました。そちらを再度ご覧ください。

ここでは、まず幼児期の課題についてから述べていきます。

幼児期は、乳児期より飛躍的に能動的な行動が増える時期だと言えます。人間として生きていくために必要な基礎的な生命力の土台と、人間として他とのやり取りのために必要な基礎力としてのコミュニケーション力の土台を築いていく時期です。

この時期、最も大切なのは規則正しい生活習慣を身につけることであり、親子でのやり取りを学ぶことです。やり取りの中には、一緒に体を使って遊ぶことや物の受け渡しを行うこと、言葉による簡単なコミュニケーションを積極的に行うことなどがあります。物の貸し借りや、「おはよう」「さようなら」「ありがとう」などの基本的なあいさつなどを学ぶことが重要な時期です。

親は、積極的に体を使った触れ合いや遊びを子どもとたくさんすることが大切です。触れ合ったり遊んだりする中で、言葉のやり取りをするべきです。言葉だけで表現することより体と言葉で表現するような機会を増やすことを心がけなければいけません。

学童期は、まずは学校に行き、学校のルールを守ることが大切です。小・中学校、高等学校には、それぞれの発達段階に応じた教育のあり方や役割があります。

小学校においては、社会性を身につけるために、学校を挙げて、命の大切さを実感できる心地よい学級をつくり、自分の考えを適切に表現する能力を身につけるとともに、他人をよく理解し努力をする子どもを育てることが必要です。

この時期の子どもの教育に重要な課題は、勤勉性を基本として自発性を育てることであると思います。それによって、子どもたちは、友達同士の喧嘩なども含むさまざまな体験を通して、いろいろなことを行う自信を深めていくことができます。これらの過程で、学校と家庭・地域の間に十分な支援・協力関係ができていることは不可欠ですが、このような小学校での経験は、中学校時代から20代にかけて成熟していき、アイデンティティの確立につながっていくことになるのです。

学校のルールには、先生の言うことを聞くといった基本中の基本のようなことも含まれます。さらに、あらゆる大切なことを集団で学ぶことこそ大切です。周りの子どもがどのように考え、どのように行動するかを肌で感じるのは、この感受性豊かな時期しかありません。

家庭においては、甘えを受け入れ、親子関係を深めることが大切です。甘えを受け入れることとわがままを許すことは違うのです。わがままは我慢させなければいけません。お母さんがルールでいいのです。お母さんが子どもと戦う時期であるとも言えます。

小学校の体験を中学校、高等学校と成熟させていき、アイデンティティの確立を図っていかなければいけません。

したがって、中学生になれば課題は変わっていきます。

不得意なことを克服するという谷間を一生懸命埋めることよりも、得意なことをより伸ばすことが重要な時期になります。人間誰でも不得意なことを持っているはずです。不得意なことばかりに気を取られないで得意なことを伸ばすことでしか、自尊感情というのは高まっていきません。この時期、自尊感情を持つこと、そしてより高めることこそ重要な課題ととらえるべきなのです。

それには、親や教師は、毎日のスケジュールや予定を意識して、自分でできることを自分でする習慣を身につけていくように、教育や子育てを行っていかなければいけません。そのためには、小学校の時期のようにお母さんがルールのようなやり方ではなく、親の側で少し本人を立てて、頭ごなしの言い方を減らしていかなければいけません。急に減らしても逆効果です。この時期、わざとらしさは敏感に感じ取ることを知っておくべきでしょう。したがって、徐々に減らさなければいけません。

また、第二次性徴期となるので、自分の性を受け入れるなども重要な課題となるのです。

高校生の年齢になると、それまでの世界から一気に飛び出すようなイメージです。世界が急激に広がっていくのです。親として導くということは、ほとんどできなくなってしまいます。親が導けるのは、せいぜい中学校期ぐらいまででしょう。

課題も、自分と社会の関わり方という側面が前面に出てきます。

自分のことは自分でするという練習をしなければいけません。大人の社会のルールも知り始めなければいけません。友達付き合いのルール、携帯電話やインターネットのルールも課題となるでしょう。そして何よりも重要なのは、発達障害や認知の凹凸に対する自覚です。自分自身の弱さを受け入れ、そこに取り組んでいこうという決意をし始める時期なのです。

この自覚の始まりが、のちの人生を左右します。それは、大学を卒業後の就労や結婚という場面で表面化していくのです。

いくら大学を出ていても、発達障害や認知に凹凸のある人は練習していないことはできません。したがって、今まで述べてきたような大人の社会のルールや、携帯電話・インターネットのルールを練習しながら理解していなければ、就労できないということにもなるのです。また、異性の友達、恋人や結婚相手などを見つけることも困難です。

なんとか就労したり結婚したりした場合も、社会的自立に課題を持っているわけですから継続は難しいと言えるでしょう。

社会的自立に課題を持ってしまった人に対してどうしたらよいかという問題について本書では述べませんが、発達障害のある人も適切な支援があれば、就職したり結婚したりして地域で自立した生活を送ることができます。しかし現在、十分な体制が確立していません。親の世話なしに仕事をして生活をしていけるような公的サポートを今後どうしていくのかは、わが国の大きな中心的な問題ともなっていくでしょう。

今この段階で、今まで私が主張してきたことを多くの方に理解していただき、できるだけ早期に実行することが、この問題をより小さくしていくことになると思うのです。

指導の仕方を分ける――同時処理型方略と継次処理型方略

学校教育では、個性重視が唱えられています。

私は、一人ひとりを生かす教育には、二つの面があると考えています。一つはその人の得意な面を伸ばす教育であり、もう一つはその人の苦手な面を補う教育です。その人の得意な面を伸ばす教育とは、その人の得意な力を活用して学ぶように導く教育であり、その人の苦手な面を補う教育とは、その人の苦手な力をあえて活用して鍛えようとする教育です。どちらも重要であり、大切な教育です。

得意な力と苦手な力の差がさほど大きくない場合には、得意な力が苦手な力を補い、相乗効果で、得意な力を伸ばしつつも苦手な力を克服するように働く可能性も考えられます。しかし、実際に苦手と考えているのですから、苦手な面を鍛えるというのはなかなか難しいものです。ましてや、得意な力と苦手な力の差が大きく、認知に凹凸のある子どもや発達障害のある子どもの場合は、得意な力の活用を考えるべきであると思います。

皆さんは、K－ABCアセスメントバッテリーという検査の名前を聞いたことがあるでしょうか。私は、第一章で述べたWISC－Ⅳという検査と併用して、このK－ABCをよく活用しています。

K－ABCアセスメントバッテリー（Kaufman assessment battery for children）と

は、A・S・カウフマンとN・L・カウフマンによって1983年に開発された幼児・児童向けの個別式心理教育アセスメントの総合的なバッテリー（組み合わせ）です。対象年齢は2歳6カ月から12歳6カ月までとなっており、幼児期の子どもから小学校を卒業するまでの児童に対応できるアセスメントであり、ビネー式知能検査やウェクスラー式知能検査に類似した知的能力（知能）を測定することもできるものです。K－ABCでは知能といわずに「認知処理能力」と呼んでいますが、K－ABCでもIQ（知能指数）を相対的な比較が可能な偏差値で算出することができます。

その意味で、子ども向けのK－ABCとは、個別式の知能検査であると同時に、子どもの知的能力を発達水準（生活年齢）と照らし合わせて総合的に評価する教育目的の発達検査としての特徴を併せ持っているものです。K－ABCでは子どもの知的能力の測定に対して、新規の問題を解く「認知処理能力過程」と過去に学習した基礎知識を活用する「知識・技能の習得度（習得知識）」の二つの側面からアプローチします。

K－ABCの心理アセスメントを通して、一人ひとりの子どもの知的能力と認知処理過程の特色（得意な問題分野と苦手な問題分野）を把握することができ、それぞれの子どもの能力と適性、ニーズに合った学校教育と学習指導に生かすことができます。K－ABCの目的はあくまで「子どもの知的能力の特性と可能性にフィットした教育機会とアプローチを提供すること」であり、子どもの知的能力を相対的に評価して区別することではないことに注意が必要です。

そのため、K－ABCの問題に回答する子どもには制限時間が設けられておらず、問題を解く前には問題の仕組みを理解するための教習問題（練習問題）が与えられています。K－ABCは、知的能力に先天的な問題はないが学校の授業のスピードについていけない学習不振児童や、知的能力に先天的な問題がある知的障害児にも対応可能な知能検査になっています。

K－ABCの評価尺度は、大きく心理尺度である「認知処理過程尺度（Mental Processing Scales）」と教育尺度である「習得度尺度（Achievement Scales）」に分けられます。A・S・カウフマンは神経心理学的な知見を踏まえて、認知処理過程尺度をさらに時間差を置いて課題を提示する「継次処理尺度（Sequential Processing Scales）」と、時間差を置かずに同時に課題を提示する「同時処理尺度（Simultaneous Processing Scales）」に分類しました。

継次処理尺度で測定できる「継次処理様式」は、部分から全体へまとめる過程を測るものであり、部分を全体に組み立てる際には、部分同士の順序や系列的な関係を見つける能力が重要な手がかりとなります。これが得意な子どもは何か作業を行うときに、初めから順序立てて緻密に処理できるタイプといえるでしょう。

このタイプに対しては、「継次処理型指導方略」を使います。「継次処理型学習者」といい、藤田和弘・青山真二・熊谷恵子編著、『長所活用型指導で子どもが変わる　認知処理様式を生かす国語・算数・作業学習の指導方略』（図書文化）によると、継次処理型指導方略として次の五つを挙げています。

・段階的な教え方
・部分から全体へ
・順序性の重視
・聴覚的・言語的手がかり
・時間的・分析的

一方、「継次処理様式」に対して「同時処理様式」は、全体の中の部分を認識し、それらの関係性が重要な手がかりとなる、おおざっぱでもポイントを押さえて物事を大まかに処理するタイプの処理様式です。

同時処理様式が強いタイプを「同時処理型学習者」といい、同時処理型学習者は、多くの情報の部分を取りまとめたり統合したりするやり方をする場合に、課題をうまく処理できると言われています。また、同時処理型学習者を指導する方略を「同時処理型指導方略」といい、次の方略が有効と考えられています。

・全体を踏まえた教え方
・全体から部分へ
・関連性の重視
・視覚的・運動的な手がかり
・空間的・統合的

例えば、『長所活用型指導で子どもが変わる　認知処理様式を生かす国語・算数・作業学習の指導方略』に出ている漢字学習で「姓名の読みと構成」という単元の学習の例を表にすると、下の表のようになります。

姓名は子どもたちが日常的に目にすることも多く、使用する機会が最も多い漢字の一つであり、興味関心を持ちやすいため、漢字学習のとりかかりとして適している教材といわれています。漢字ごとに一つひとつ読みを教えることか

表5－1　継次処理型指導方略と同時処理型指導方略の違い

	継次処理型指導方略	同時処理型指導方略
1	・自分の姓名カードを選択する。	・写真を手がかりに姓名を読む。
2	・自分の姓名カードに読み仮名をふる。	・写真と姓名カードをマッチングさせる。
3	・漢字ごとに切り取られた姓名カードを読んだり、カルタ取りをする。	・写真を使わずに、姓名カードのカルタ取りをする。
4	・漢字ごとに切り取られたカードを正しく並べて、自分の姓名を構成する。	・姓と名のカードを正しく並べて自分の姓名を構成する。
5	・姓名を書く練習を行う。	・姓名カードを書き順にとらわれることなくトレースする。

ら始める継次処理型学習と本人の顔写真と姓名をいっぺんに見せる同時処理型学習の差が分かるでしょうか。

同じようで全然違う認知処理様式なわけです。

前述の『長所活用型指導で子どもが変わる　認知処理様式を生かす国語・算数・作業学習の指導方略』は、「継次処理型指導方略」「同時処理型指導方略」それぞれの学習者の特徴に合わせた具体的な指導例を同一教材に対して見開きで提示しているとても参考になる本であり、三分冊発行されています。具体的には、それらの本をご覧いただければと思います。

自信の回復

自信を持つことの大切さはすでに述べていますが、ここではロジャーズ（C.R.Rogers）の考えを参考にして自信とは何かをもう一度明らかにして、具体的な自信の回復について書いていきます。

ロジャーズの考えによれば、人間の心的生活は主に自己概念と経験から成り立っています。

自己概念とは、本人が自分自身について思い描いている自己像であり、経験とは、本人が意識的・無意識的に感知した、自分の内面や外面に関するあらゆる事実・事象のことを指しています。

すなわち、自己概念が自分でそう思っている自分の姿であるとすれば、経験は自分の知覚したありのままの姿です。

一つ、例をお話しします。

私がソーシャルスキルのトレーニングをしている、高校3年生のA君がいました。彼は鉄道についてとても詳しくて、特に新幹線については技術者レベルの知識を持っていました。このA君は、何人かの高校生と私が進路の話をしていた際に、受験で東京へ行く交通手段の話に及んだとき、飛行機に対する新幹線の優位性について話し続けました。周りの生徒は迷惑そうな顔をしていましたが、おかまいなしでした。1時間に話が及んだとき、一人の生徒がA君に対して言いました。

「新幹線の優位性なんてどうでもいいんだ。少

図5－1　適応状態と不適応状態

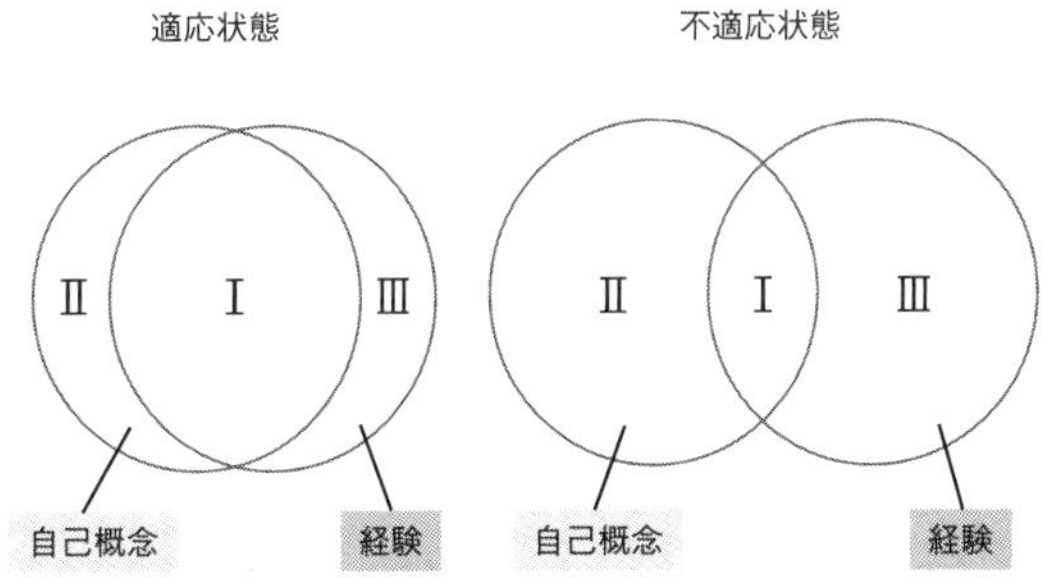

Ⅰ：領域Ⅰ：自己概念と経験とが一致している部分
Ⅱ：領域Ⅱ：自己概念のうちで、経験が歪曲された部分
Ⅲ：領域Ⅲ：経験のうちで、否認されて自己概念から締め出された部分

し黙っていてくれ」

A君は、ショックを受けました。あとで私のところに来て、こう言いました。

「先生、僕の話はどうでもいい話なんですか」

A君の自己概念は、自分は新幹線のことなら何でも知っている。自分の話はとても興味深くて、みんなからありがたがられる話なんだ。みんなは自分を欲している、というものでした。しかし、今まさに経験したことは、自分は迷惑がられた、黙っていなければいけない存在なんだということでした。

自己概念と経験とは本来、一致していることが望ましいものですが、多くの人間にとって、あらゆる場面や機会で大なり小なりのずれがあるのが当たり前です。ある部分では大きなずれがあっても、別の部分では小さいずれしかなく、平均してそれほど大きくないずれなら適応していけるでしょう。

それは、自己概念に合わない経験を否認したり歪曲《わいきょく》したりして、自己概念を維持していくことができるからです。すなわち、うまくごまかすことができるのが人間なのです。

しかし、認知の凹凸や発達障害のある人の場合、あらゆる場面、あらゆる機会で大きなずれが生じてしまいます。思春期以降、このずれをびんびん感じるようになっていき、自己概念と経験のずれが大きすぎて対応できなくなるのです。

こうして、不適応は生じ、自信喪失状態となるわけです。

特に、認知の凹凸や発達障害のある人はこだわる傾向が強く、他者からの不適切な評価や過大な期待をそのまま取り入れて、経験から著しくずれた自己概念を形成し、さらにその自己概念がもとになって「自分は～であるはずだ」「自分は～であらねばならない」といった思い込みがこだわりとなり、極度の緊張や脅威、不安感などに取りつかれることになるのです。

ロジャーズはこう説いています。

「有機体としての人間は、自分の特性が最大限に生かされた自分本来の状態を実現していこうとする基本的傾向を持っている」と。

すなわち、自己実現しようとするのが人間であるということです。したがって、不適応状態つまり自信喪失の状態に陥った人であっても、適切な心理的処遇が得られれば、それまで否認・歪曲してきた経験の実相に自ら気づいていくことができるし、ありのままの自分を自分の実相として受け入れ、自己概念を再編成することによって不適応状態から解放され、より自分らしい自分へと変容することができるのです。

これが、自信回復のメカニズムです。

自信回復のポイントは自覚です。ここからしか回復はありません。

先ほどのA君の例でいうと、

自分は新幹線が好き。これでいいじゃないか。

自分は機械に詳しい。これもいいじゃないか。

A君の知識は素晴らしい。

A君は自信を持っていい。

自分は新幹線のエンジニアになる。これもいいじゃないか。

しかし、他人は新幹線に興味がない。これもいいじゃないか。

でも、新幹線は便利で素晴らしいと思っている。これでいいじゃないか。

自分がする新幹線の話、みんなにとってはうざいだけ。そうかもしれない。

他人に新幹線の話はしない。

これでいいのだ。

自分と他人は違う。

以上のように、共感的に傾聴していきました。キーワードは、「これでいいのだ」。

今は亡き偉大なる漫画家の赤塚不二夫先生が、「バカボンのパパ」に言わせた名文句です。

「これでいいのだ」、何と素晴らしい言葉でしょう。私には、自信回復に向けた魔法の言葉のように感じられます。

アドバイスをしないことの大切さ

落ち込んでいる人に自信回復をさせる秘訣はもう一つあります。問題に直面している人はさまざまな感情に支配されていて、普通なら考えられるようなことでも考えることができない状態になることもあります。「感情による支配」は、想像以上に大きな圧迫を人の心に与えます。

そして、物事を固定的にしか考えることができなくなってしまうのです。考えること自体ができなくなる場合すらあります。感情に押されて思考の柔軟性を失ってしまっているのです。押してもだめなら引いてみれば簡単に問題解決できるようなこともあるのに、押すこと以外に考えられない状態と言ってもいいと思います。

昔、数学の授業の導入で、こんな問題を考えたことがあります。

（問題）次の会話や文章を読んで、問いに答えなさい。

彼女を誘拐した悪人が、中身が見えない皮の袋を持って、私にしゃべった。

「この袋には、黒と白の石が1個ずつ入っている。彼女を返してほしければ、中身を見ずにこの袋から白い石を取れ」

こう言って、私が見ていないと悪人が考えたすきに黒い石を2個、袋の中に入れた。

しかし、私は、悪人が黒い石を2個袋に入れるのを見てしまったのだ。

悪人に対してこの不正を抗議しても聞かないだろうし、このゲームをやめれば彼女は帰ってくることもない。

さて、私はどのようにすれば、この難局を乗り切ることができるでしょうか。

回答を隠して、一緒に考えてみてください。生徒たちは、面白がって一生懸命に考えていました。しかし、良い回答を答えた生徒は、なかなかいませんでした。そんなときは、ヒントを出していました。

（ヒント）押してもだめなら引いてみな。

（回答）皮の袋の外側から1個の石をつかんで、袋を逆さにしてもう1個の石を袋から落とします。黒色の石が出てくるので、袋の外側からつかんだ石を、これでこの石は白だと、悪人に主張します。

感情がざわめく状態では、このような問題を解くのは難しいかもしれません。心がざわざわしていては考えることさえできません。

こんなときは人にしっかりと気持ちを聴いてもらうことで、認識を妨げている霧を晴れさせて、思考能力を再開させる必要があります。

人の話を聴く人は、相談者に適切なアドバイスをしてあげなければならないと思わないことです。特に男性脳型の人は要注意です。第四章で詳しく述べましたが、「話し合いが苦手で自己中心的な男性脳型」のタイプは、結論重視です。相談に対して解決策を探り、解決策を話すことが役割だと思ってしまうのです。

相談者自身は、実は、どうしたらいいのかあらかじめ知っていることの方が多いのです。ただ、相談者は自分が知っていることに気づいていなかったり、自分の答えに自信が持てないでいることが多いと思います。

話していくうちに相談者が自分に自信を持ち、解決策を語っていくようなケースは多いものです。聴く人はそれをただ追認してあげればいいだけなのです。相談者がすでに知っている答えを引き出したり、あるいはその答えでいいんだとの自信を与えるのが聴き手の役割といえるでしょう。

聴くというのは、相手の不安の解消であり、自信の回復なのです。決して適切なアドバイスをすることではありません。

本当の怒りと偽りの怒り

もちろんやさしく寄り添うだけでなく怒ることも必要です。皆さんは、「怒り」に対してどういうイメージを持っていますか。

良いイメージですか、それとも悪いイメージですか。

怒りに対して否定的なイメージを持っている方や、怒った自分に対して後ろめたさを感じている方も多いと思います。

しかし、「怒り」は悪いものではありません。人間にとって、とても重要な感情だと思います。人間は、「怒り」という感情があるので生きていけるといっても過言ではありません。

不当な差別的な扱いに対して、自分の中に起こったどうしようもない感情が怒りなのです。

それは、理不尽であり自分を押しつぶそうとする強大な力へ対抗するものです。その強大な力は、打ち消したい、打ち消したいといくら思っても打ち消すことができません。この強大な何かの力と戦うエネルギーを、「怒り」の感情が与えてくれます。

怒りの感情がなければ、人間は不当な差別的な扱いを受けたときに自分の中で起こった、自分を押しつぶそうとしているどうしようもない何かの力と戦う気持ちはわいてこないのです。

わいてこなければ、不当な差別的な扱いに対して、誰もが受け入れるしかなくなります。

不当な差別的な扱いをやった者勝ちという世界になってしまうのです。想像しただけでも恐ろしい世界です。

私は、怒りには「本当の怒り」と「偽りの怒り」の二つがあると考えています。

この不当な差別的な扱いを受けたときにわき起こった怒りは、「本当の怒り」です。「本当の怒り」は、人間にとってとても重要な感情なのです。

「本当の怒り」は、不当な扱いは許せないという一次的感情としての健康にとって大切であり、生きるためのエネルギーともなるものです。

ここで問題としたいのは、もう一つの「偽りの怒り」です。

これは、二次的感情としての怒りです。これを子どもや女性への暴力について研究してきた森田ゆりさんは、「怒りの仮面」と表現しています。表面に見える「怒り」の感情は、あくまでも表面的な感情であり、その人の本当の感情ではないのです。だから、「偽りの怒り」と私は呼んでいます。

この「偽りの怒り」の裏には、恐れ、不安、見捨てられ不安、悲しさ、寂しさ、悔しさ、絶望、自信のなさ、喪失感などがあるのです。

この「偽りの怒り」の感情は、傷つき体験からくる感情です。本当に抱いている感情ではないのです。裏に隠されているのは、過去に受けた傷です。

その傷は、「拒絶」されて受けた傷であり、「侮辱」されて受けた傷であり、「見捨てられ」

たり、「不正を受け」たり、「裏切られ」たりしてつくった傷です。

この傷が、「偽りの怒り」を生み、「怒りの仮面」をつくるのです。傷が深ければ深いほど、仮面の皮は厚くなります。傷が深ければ深いほど怒りの仮面を剥ぐのは難しくなるのです。

自分の怒りを「本当の怒り」か、それとも「偽りの怒り」か分別できれば、真の敵を認識できるようになります。「偽りの怒り」に惑わされることなく、本当の感情と向き合うことができるからです。

周りの人間にとっても、怒っている人間が「本当の怒り」で怒っているのか、「偽りの怒り」で怒っているのかを見分けることで、怒っている他者を理解することができ、その人の本当の感情に向き合い、その人に対して優しいまなざしを送ることができるようになるのです。さらに、怒っている他者からの攻撃を「偽りの怒り」と見破ることができれば、その人の表面上の感情にだまされることなく、冷静にその人の弱さに寄り添うことができるようになるのです。

すなわち、「本当の怒り」と「偽りの怒り」を区別することが、すべての人間の人権を守ることにもつながっていくのだと私は考えています。

さて、世間には、この「偽りの怒り（怒りの仮面）」を構造的に持ちやすい人間がいるのではないかと考えています。すなわち、恐れ、不安、見捨てられ不安、悲しさ、寂しさ、悔しさ、絶望、自信のなさ、喪失感などを一番内面にためやすいタイプの人間が、この世の中にはいるのではないかと思っているのです。

59ページの図3－1「発達障害と学ぶ力」を御覧ください。学習能力、対人能力、運動能力を支えている認知能力に弱さを持った人間がそれに当たります。

人間にとって最も基礎的で重要な力を、私は「聞く力」と述べました。この「聞く力」の正体が聴覚的短期記憶です。

第三章を思い出してみてください。目次を振り返っていただいてもかまいません。

生まれつき聞く力に弱さを持った人間は、赤ちゃんの頃に親や親の代わりをしてくれた人との愛着関係の形成に失敗し、その後の言語の獲得もうまくいかずに、幼児期にすでに周りの大人から怒られ続けます。やがて、小学校に入学しても社会性の獲得がうまくいかず、集団生活もままならず、思春期の自我の芽生えにおいては、自分はダメなんだという自我の芽生えです。

持って生まれた認知能力の弱さ、これは、誰もが持っている身長の高い・低い、体重の重い・軽い、近視、乱視、髪の毛が直毛・ウェーブがかかっているなど、いわば個性と考えてもいいものです。この、自分に責任があるわけではないことに対して何度も怒られたり不当な扱いを受けたのですから、怒りの感情は、そのたびにわいていたはずです。しかし、赤ちゃんの頃から青年期まで不当な扱いを受け続けるのですから、わいてくる怒りの感情はやがて、どうにもならないという恐れ、不安、見捨てられ不安、悲しさ、寂しさ、悔しさ、絶望、自信のなさ、喪失感となります。この感情が外に向かうとき、「怒り」となるのです。

この「怒り」は、第四章で書いた反社会性と言ってもいいと思います。

学習能力、対人能力、運動能力を支えている認知能力の弱さが、特に対人能力に影響して社会関係における不安の感情を徐々に増大させてゆきます。これが「偽りの怒り（怒りの仮面）」となり、この「偽りの怒り」は、不安の増大と共に反社会性を進行させてゆくのです。

相手が反社会性の行動をとり、怒りの感情をむき出しにして自分に向かってくるとき、我々は、この怒りに対して怒りで押し返すか、無視するか、逃げるという対応しかとりません。

しかし、その怒りが「偽りの怒り」であると見抜いたときに、怒りの仮面に隠された不安を感じ取ることにつながり、人間同士の助け助けられるという人間性にあふれた関係を再構築していけると思うのです。反社会性の正体は、「偽りの怒り」です。「偽りの怒り」は、ぶつかる対象ではなく、理解して癒すべき対象なのです。

反社会性へ対抗するには、この方法しかないのです。

この考え方を知識として持っていなければ、助けようという愛情も、助けられたいという人間にとっての当然の要求も生まれてこないと思います。

「偽りの怒り（怒りの仮面）」、ぜひ皆さんにもご理解していただきたいと思います。

ほめ言葉は、方向性を含んでいなければ意味がない

イルカの調教についてどこかで読んだことがあるのですが、思い出しながら書いてみます。確か、こんな内容でした。

調教を受ける前のイルカというのは当然、芸はできません。でもイルカは遊び好きなので、人が寄ってくるといろいろなことをするそうです。例えば、突然ジャンプする。調教師はすかさず「フィッシュ！」と言って餌を与える。またジャンプすると「フィッシュ！」。これを繰り返していると、イルカはジャンプをすれば餌をもらえると分かるそうです。

次はジャンプしても餌を与えない。イルカは、餌が欲しくて狂ったようにジャンプをする。でもやらない。何かの拍子にイルカが回転する。そうすると「フィッシュ！」、回転すると「フィッシュ！」。

そうすると、イルカのすごいのは、これを繰り返すうちに、何か新しいことをすると「フィッシュ！」がもらえることに突然気づくらしいんです。そうするとイルカは、飛んだり、回ったり、尾ひれで立ち上がったりと、創造的な動きを始めるという話です。「フィッシュ！」というのがイルカにとっての「アメ」で、調教師は、そうやって進むべき方向性を示していくのだそうです。

例えば学級集団を動かすために、「できる教師」は、ただほめたりはしません。ほめ言葉に

方向性を含ませます。

学校への巡回相談をしている私は、小学校1年生のクラスを授業観察することも多くあります。小学校の1年生といえば、まだ着席行動がとれないような子もいれば、静かに先生の話を聞くこともよく分からない子も多くいます。子どもたちは、あっち向いたり、こっち向いたりで、めいめいにおしゃべりを繰り返しています。ほっておくと、延々と続きます。

皆さんなら、そんなときどうしますか。

一番まずいのは、「うるさい。静かに」と大声で怒鳴るという行為だと思います。小学校1年生の初めなら、これで静かになると思います。しかし、これではまた5、6分もすれば、またおしゃべり、立ち歩きが増えてくるはずです。そして、また「うるさい。静かに」の先生の大声。しばらくは静かにしていても、またおしゃべりが始まってしまいます。これでは、いつまでたっても堂々巡り、先生の方が先に疲れてしまいます。

私ならこうします。教室をじっと見回して、私に注目してくれている子どもをまず見つけ、その子どもをほめます。

しかし、このほめ言葉、何を言うかがとても重要なのです。ただほめればいいものではありません。

「Aくん、すばらしい。とてもいい子だ」

これでは少しこちらに注目してくれる子どもがいたとしても、一瞬で終わってしまうでしょう。Aくんすら、何のことか分からずじまいということもあるかもしれません。ほめ言葉に方向性を持たせなければいけないのです。

「Aくんは、静かに先生を見てくれているね。すばらしい」

これならどうでしょう。

Aくんは、自分がなぜほめられたか、すぐに分かるでしょう。静かに先生を見ているからほめられたのかって。たまたま、静かに先生の方を見たら目が合ったにすぎなくともいいのです。こちらとしては、その行為をほめたいのですから。

それを聞いた何人かは、静かにこちらを見るはずです。ここでしばらく待たなければいけません。ほめることと待つことは、セットなのです。

さらに何人かが、黙ってこちらを見ることになるでしょう。

この静かになる動きは、波のウエーブのように波及していくはずです。その波及効果を見極めるのがこちらの腕です。

このウエーブが届きにくいエリアを見つけます。そこにいる子どもの中から、ほめられそうな子どもに視線を合わせます。ほめほめビーム、ロックオンです。

「Bさん、すばらしい。一言もしゃべっていない」

Bさんがどこを見ていてもいいのです。少し条件を緩めているわけです。これなら、騒々しい指導しにくいエリアでも、模範になる子どもを見つけられるはずです。見つからなくても、少し条件を緩めてほめればいいのです。そして徐々にレベルを上げていくと考えてください。

「Cくん、すごい。手がお膝の上にのっている。良い姿勢だ」

今度は姿勢をほめていきます。

集団は、Cくんを見本に真似をするようになるはずです。みんな、ほめられたいという感情を強く持っているのですから。

みんなのほめられたいアンテナは、ビンビンに張っています。先生が次はどう言うのか。何をほめるのか。そして、誰をほめるのか。すなわち見本は誰なのか。先生に集中しているはずです。

すなわち、ほめ言葉には方向性がなければ意味がないのです。ただほめればいいというものではないのです。

ほめられた言葉の方向性が、正しくなくてはいけません。

相手の努力や成長をほめていくように心がけなくてはいけません。

こんなほめ言葉もあると思います。

「Dくんは、すごいぞ。昨日は、ずっとおしゃべりだったのに、今日は先生が来てから3分で静かにできた。進歩してるね」

Dくんの進歩を評価しているわけです。

バンデューラとウォールターズの研究によると、暴力的な青年は、10歳までのしつけの時期に「喧嘩する男は、かっこいい」とほめていたというものがあるくらいで、ほめるという行為は、使い方次第で良い方向にも悪い方向にもいくものなのです。だから、ほめ言葉は、方向性がとても大切なのです。

特に反社会性が進行している場合は、ほめ言葉はその進行を止めるか、遅くするような方向性を持った言葉でなければいけません。

認知の凹凸のある人や発達障害のある子どもにやってはいけないこと

最後に、認知の凹凸や発達障害のある子どもにやってはいけないことについて述べることにします。

まず注意すべきことは、トラウマをつくらないことです。体罰は絶対に避けなければいけないのは、当然のことです。

認知に凹凸のある人や発達障害のある人にとっては、必要以上の大きな声や強い叱責は周囲の情報がすべて飛んでしまい、叱られたという行為だけが残ることになってしまいます。

　叱られてすぐに自分が悪かったと認識できるということは思った以上に高度なことであり、認知にあまり凹凸がなく、今までの人生において自己肯定感を豊富に持っていて、なおかつ場の空気や相手の気持ちを類推する力を平均程度以上持っていて初めて、叱られたときに反省することができる人間ということになるのです。

　大きな声や強い叱責により、そのときの不適切な行動がいったん止まりますが、またしばらくすれば同じ不適切な行動が繰り返されることになるだけです。できるはずなのに、うまくいかないときには、こちらが気がついていないこだわりや、特にその不適切な行動をとった生徒の不注意性や衝動性、多動性、特に過敏性が邪魔をしていないかを、こちらの目で冷静に振り返ることが必要です。

　もう一つ、私が最も注意しなければいけないと思っていることがあります。それは、発達障害に対して知識や経験のない人ほど陥りやすいことです。そして、人からの要求に対して、できることはやってあげたいと思っている多くの人たちが陥りやすいことなのです。

　幼稚園や小・中学校、高等学校における先生方の子どもたちへの関わり方を見ていても、頻繁に繰り返されているだけでなく障害を持った子どもたちへの専門的な教育機関である特別支援学校でも、よく見かける事例です。

それは、「巻き込み」をつくってはいけないということです。子どものこだわりはあっという間に子どものこだわりに親や教師などが巻き込まれた場合、子どものこだわりはあっという間にエスカレートしていきます。

例えば、少しの距離の移動といった必然的に手をつなぐ理由がない場合に、人と手をつなぐことにこだわりを持っている子どもが、手をつなごうとしてきたときに、できることはやってあげたい、手をつないでほしいという子どもがいたなら手をつないであげるのが当たり前と、何の根拠もなく考えている大人は多いのではないかと思います。それを優しさだと思っている場合が多くあります。

これが間違いなのです。

手をつなぎたくとも手をつないでくれるような親しい相手がいないときは、手をつなげないのが当たり前です。すなわち、必然的理由や条件が整わなければ手はつなげないのが、この世の中なのです。しかし、このように、手をつないでくれという要求をすれば手をつないでくれる人がそばにいるということは、手をつないでくれるような親しい人がそばにいなくても、手をつなぎたいという要求がかなってしまうということなのです。子どものこだわりに巻き込まれるような人がそばにいるということは、その子どもが自分でできる限界をやすやすと超えてしまうということなのです。

しかし、ほかの人がいくら一生懸命に手伝っても、所詮本人のこだわりを完全にかなえられることはあり得ないのです。

したがって、途中で要求を拒絶することになるはずなのです。こだわりというのは、それほどのものなのです。

この途中での拒絶というのは、子どもにとってとても残酷なことです。拒絶されたり、やり直しや修正を求められたりすると、今度は本人自身が不安になってしまって、結局これもエスカレートしていく可能性を持つことになってしまいます。

自分で儀式行為をしたり、自己刺激運動をしたり、道順などに勝手にこだわっている場合は原則として無視、すなわち放置する方がいいのです。その儀式行為を母親や教師に対して手伝うように要求してきたときには、決してそれに応じてはいけないというのが原則だと考えてください。

できることは何でもやってあげるのは、愛でもなんでもありません。できることでも、やってはいけないことはやってはいけないのです。これが真実の愛です。

第六章　大人の発達障害に向き合う

大人の発達障害

皆さんは、大人の発達障害という言葉を聞いたことがあるでしょうか。

この多くは、発達障害である大人を指しているのではなく、発達障害が話題にもならなかった時代に子ども時代を過ごしてきた、認知に凹凸のある大人のことであると私は理解していま す。したがって、その数においても影響においても、絶大なものがあるのです。

下の表は、前掲の『発達障害のいま』の記述から私が作ってみました。ご覧ください。いかがですか。これは大人の発達障害の特性です。自分も当てはまるという方が多いのではないかと思います。どなたにも、また高齢化によっても似た状況が出現してきます。高齢化が発現を誘発しているのかもしれませんが、ここで問題

表6−1　大人の発達障害の特性

1	二つのことが一度にできない
2	予定の変更ができない
3	スケジュール管理ができない
4	整理整頓ができない
5	興味の偏りが著しい
6	細かなことに著しくこだわる
7	人の気持ちが読めない
8	過敏性をめぐる諸々の問題
9	特定の精神科的疾患
10	クレーマーになる

※生まれつき言語や社会性、感情のコントロールに弱さを持つ人は、大人になると表に出てきて生活または職業上支障となるケースがたくさんある。

としたいのは、生まれつき認知の凹凸を持っていた人たちのことです。

現段階では、発達障害が今のように話題になって10年ぐらいしかたっていません。したがって、未診断のまま大人になり、困った状況を抱えている人たちがたくさんいるのです。

本人の自覚が大切なのはそうなのですが、周りにいる人たちの理解がなくては、解決はないのです。

今から20年後、30年後は状況が違っていると思われます。それは、何らかの診断を持ち、適切な対応を受けて大人になった方がたくさんいるからです。それでは、どのような人たちが大人の発達障害か、具体例を挙げてみましょう。

周りの人の発達障害に気づく

私は学校に勤めているので、学校で働いている人といえば、ほとんどが先生です。それ以外には、事務室に事務職員の方、そして校内では施設の補修などを行っている業務員の方が働いています。私はもう30年も教師をしているので、いろいろな学校でいろいろな先生方や事務職員の方、業務員の方と出会っています。学校ではなく、会社や商店、工場や病院などでも同様だと思います。

皆さんの働いているところに、こんな方はいませんか。

・相手かまわず、一方的に自分の言いたいことだけを話している。
・こちらからの指示がほとんど理解されていないような印象を受ける。
・話し合いのとき、ぼーっとしていて話についてこれない。
・適切な速さで話すのが難しく、とても早口だったりたどたどしく話す。
・意識しても読みにくい字しか書けない。
・簡単なお金や物の個数などの計算をよく間違える。
・目的に沿って行動を計画することや、必要に応じてそれを修正することが難しい。
・物事の優先順位がつけられない。
・早合点や飛躍した考えをする。
・上司が話しているのに、話に関係のないことをいきなり発言する。
・手足をそわそわ動かしたり、座っていても常にどこかが動いている。
・指示に従えず、また仕事を最後までやり遂げることができない。
・仕事を勝手に突然休んでもすみませんの一言もなく、平気な顔で出社してくる。
・デスクの上や周りに荷物が散乱していて、仕事するスペースがほとんどない。
・物の置き場所やルールを少し変えただけで、ひどく怒る。
・どこを見ているか分からないような視線で、常に無表情だ。

・その服はあなたには似合わないと、女性社員に言わなくてもいいことを言う。
　これらは、チェックリストとして妥当性を検証したものではないので、いくつ以上当てはまるから発達障害であると判断できるものではありませんが、これらの項目のうち半数以上が当てはまる場合、大人の発達障害の可能性があると考えてもよいと思います。その場合は、標準化されたチェックリストで詳しく再検査したり、医師の診断を受けることをお勧めします。

　２００１年、ＷＨＯ（世界保健機関）は、生活機能と障害の分類を新しく提案しました。ＩＣＦといいます。従来の「障害の結果として社会的不利が生じるから、障害のマイナス部分を補っていく」という障害についての考え方を、「障害の有無にかかわらず、種々の活動参加が可能になるような環境的条件整備が必要である」に転換しました。障害者の活動や社会参加を制限している原因を個人に求めるのではなく、社会全体の課題としてとらえる考え方です。障害者自身の医学的、生物学的な障害に目をとらわれるのではなく、その障害者個人個人の現在の実際の目標実現に向けて適切な支援をしていこうという考え方です。まさに「障害は個性だ」と言っているわけです。しかし、私が言いたいのは、単に個性だと言うだけでは、しんどい現実を変えていく言葉にはならないと考えています。

「障害は、支援のいる個性だ」ということです。支援も、詳しく言えば「適切な支援」でなければなりません。

前述のようなケースでも、あまり周りも本人も気にならなければ、マイペースとかのんびり屋さんとかちょっと変わっている人ぐらいで済むかもしれず、「それも個性」で済むかもしれません。しかし、周りも本人も困っていて、なおかつ仕事に支障をきたしている場合は、「支援のいる個性」かもしれません。個性だと放置していては、悪化したり、うつといった二次障害化する危険も含んでいます。

大人の発達障害であると自覚して、適切な支援を求める必要があるのです。

あなた自身、こんな気持ちになったことありませんか？

自分自身を振り返ってみてください。次のような思いや感情を抱いたことはありませんか。

・人並み以上にいつもイライラしている。
・飲み会や親睦会が苦手で、一回も出たことがない。
・昼食時間が苦手で、できることなら一人で食事をしたいし、実際に毎日一人でしている。
・転勤など想像するだけでストレスが大きくて、転勤するぐらいなら会社を辞めたいと思う。
・口頭だけで指示されても理解できない。
・毎日何を着て行っていいのか分からない。
・電話に出るのが怖い。

・友達が欲しいのにできない。
・なぜ課長のくだらない話を黙って聞かなくてはいけないんだろうと強く思う。
・朝が起きられないから遅刻が多い。会社に行きたくない。
・みんなは自分のことを変な人だと思っていると感じている。

発達障害は、性格とされる情動や行動の特性が著しく偏っている場合をいいます。最近、大人になってからの対人関係の問題で悩み、「自分は発達障害ではないだろうか」と相談に来る方々が増えています。私は、もともと子どもの特別支援教育の専門家ですが、最近では大人の方から相談されることもごくごく普通になっています。

発達障害に限らず、多くの精神疾患において対人関係やコミュニケーションの問題はその主な訴えとなっていますから、発達障害ではなく精神疾患だったり、引っ込み思案な性格だったり、社会経験の乏しさにその原因があるかもしれません。

発達障害とは、診断名を子どもの頃につけられなくても認知の凹凸がある場合を指しており、大人になってから発症するようなものではありません。

したがって、幼児期から振り返ってみると、何らかの困難や困ったことがあったはずなのです。自分が発達障害ではないかと思う場合は、両親や家族などの意見も参考にしながら、自分を冷静に振り返ることが大事です。

ソーシャルスキルを身につける

一つひとつは、誰でも多少は思い当たることで、気にすることはないかもしれません。しかし、なぜか周囲の人とうまくいかない、仕事のミスが多くて怒られてばかり、職場に行くのが怖い、営業に出ても断られることばかりですぐに辞めてしまう。

どうしていつもいつもこうなんだろうと感じたら、一度自分を見つめ直してみることが大切です。うまくいかないのは、あなたがいい加減な性格だからではなく、発達障害のせいかもしれないのです。

上司や周りの人たちも「どうしてこんな簡単なことが分からないんだ」「わざと嫌みを言っているのか」「何を考えているのか、さっぱり分からない」「同じミスを何度も繰り返して、やる気がない」などと思わずに、その人をもう一度見つめ直して、発達障害について理解してみようとしてほしいのです。

発達障害の特性が分かれば、なぜそのような行動や言動になるのかが理解できます。そして、望ましい行動や言動をしてもらうにはどう接すればいいのかも見えてくるはずなのです。

大人の発達障害の人たちに最も大切なことは、障害に気づき、向き合うことです。障害に向き合うことなしには変わろうという意思は生まれてきませんし、頑張ろうという精神的な感情も生まれません。そして、それには周りの人たちの障害に対する理解や、本人の努力を認めて応援するような関わり方が必要です。

　自分のことだけで精一杯、他人の発達障害のことまで理解してそれを応援する暇なんてないという方がいるかもしれません。特に、利潤を追求していかなければいけない事業所などで働いているわけですから、そのような感情が浮かんでも当然かもしれません。しかし、今まで述べてきたように、この発達障害は、どこからが正常でどこからが障害という線引きがしにくいものです。また、人間の脳はさまざまな要素の集合体であり、分析的に見れば、誰でもどこかが弱かったり強かったりするわけです。また、高齢化により認知症となる可能性も誰もが持っています。認知症の様相は発達障害の様相と類似しており、その支援も発達障害への支援と同様です。すなわち、発達障害に対する適切な支援というのは、誰に対しても効果があり、誰に対しても優しい感情を生むものです。たとえ発達障害ではなかったとしても、自分の弱点を補ってくれるものとなるのです。

　例を挙げましょう。

「相手かまわず、一方的に自分の言いたいことだけを話している」人には、次のように助言します。自然に人間の感情を理解して上手にコミュニケーションをとるすべを獲得できないのが発達障害ですから、一つのスキルとして教えるのです。それが四章でも論じたソーシャルスキルといいます。この相手かまわず、一方的に自分の言いたいことだけを話している人へ教えるスキルは、次の四つです。
・読書をしている人に話しかけるのは迷惑。
・相手が集中して仕事をしているときに話しかけるのは邪魔。
・他人同士が話しているときに、別の話題で割り込んではダメ。
・話をしている二人の間を通ってはダメ。
どうでしょうか。発達障害ではなくて良好なコミュニケーションができていると思っている人でも、常に心がけていなくてはいけない内容ではないでしょうか。

次に、「その服はあなたには似合わないと、女性社員に言わなくてもいいことを言う」人へのソーシャルスキルをここに示してみます。
・太っている、はげている、背が低いなど、体のことは、思っても口に出してはいけない。
・学歴を差別するような言い方はしない。
・収入金額は聞かない。
・セクハラ発言は法律違反。性的なことは言わない。
さらに、ソーシャルスキルの例を示してみます。発達障害への対応についてのイメージを、しっかり皆さんにつけてほしいのです。

「こちらからの指示が、ほとんど理解されていないような印象を受ける」

「意識しても読みにくい字しか書けない」

「簡単なお金や物の個数などの計算をよく間違える」

このようなケースなら、次のようなスキルを身につけるよう助言します。
・文章は、パソコンを使って作成する。
・計算は電卓で確認する。
・指示や説明はメモをとる。許可を取ってボイスレコーダーを使う。
・文書はコピーして、大事なところにはマーカーで印をつける。
自分のことを「人並み以上にいつもイライラしている」と感じている人には、次のソーシャルスキルを教えます。
・イライラし始めたと思ったら、「ちょっと失礼します」と一言断って、その場から離れる。
・トイレや屋上、休憩室など、人があまりいないクールダウンの場所を決めておく。
・水を飲む。深呼吸する。「落ち着け落ち着け」と2回つぶやくなど、クールダウンの方法を決めておく。
このように、ソーシャルスキルは、いつでもどこでも簡単にできるようなものでないといけません。その人と一緒に考えてみてもいいでしょう。ソーシャルスキルを身につけることにより、本人に安心感が生まれます。この安心感が、自分を見つめるときには必要なのです。自分を客観視するための道具ともいえるのです。

『大人の発達障害に気づいて・向き合う完全ガイド』（黒澤礼子著、講談社）には、発達障害に気づくための日本初の記入シートや、今述べた事柄のほかの発達障害への対応が書かれています。対応法について興味関心のある方は、こちらを参考にしてください。

実は親のあなたが発達障害

あなたは、親として、子どもに対して次のような感情や行動をとったことはありませんか？

・子どもだからといっても、悪いことは悪い。殴りつけてでも分からせてやる。自分もそうやって親に育てられてきた。
・子どもがかわいいという気持ちが分からない。イライラさせるこの子が悪い。
・母親らしいことをしてやりなさいと言われるが、母親らしいことというのが分からない。
・父親であるという責任感がわいてこない。
・子どもを起こしたり、ご飯を食べさせたり、学校に行かせたりするのが面倒くさくてしようがない。

児童虐待は大きな社会問題です。虐待を引き起こす要因はいくつかありますが、一番大きいものは親自身にあると言えます。衝動的・攻撃的性格、依存的・社会的未熟さ、精神疾患、アルコールや薬物依存、親自身の被虐待体験などが挙げられていますが、背景に発達障害の可能性を持っている場合があります。

子ども自身に発達障害があり、関わりの難しさから虐待的育児に発展する場合もありますが、親自身に発達障害があり、しかも気づいていない場合があります。一番深刻なのは、親子ともに発達障害があるケースです。子どもに対して発達障害の理解の上に立った育児はなされませんし、親自身も自分が発達障害であるという自覚がないわけですから、悲惨な結果になる可能性を大きく持っているのです。

そんな親にしてみれば、子育てとはどういうことなのかわからず、かわいいという感情もわかず、泣かれるとどうしていいか分からなく、子どもにもうどこかに消えてほしいと強く思ってしまう。

子どもは予測不能の反応や行動を起こします。どうしてよいかわからない母親や父親はいらだち、力で押さえようとします。子どもだから加減しなくてはとか、子どもだから仕方がないとは思えず、衝動的に激しい怒りが込み上げ、止まらなくなってしまいます。気づいてみたら子どもをひどく傷つけています。感情の共有もできないので、子どもの気持ちも想像できません。予測する力に弱さを持っているので、こんなことをしたらどうなるかということが分からないのです。

冷たい人間だから子どもがかわいく思えないわけではないのです。能力がないから子育ての方法が分からないわけではないのです。発達障害が原因で、予測する力を中心とする認知の能力に弱さを持っているために、時々刻々と変化する子どもへの対応を即座に判断することができないのです。発達障害への自覚と理解が、子育てに対しても解決策を与えてくれるのです。

モンスターペアレントは大人の発達障害

そして、特に教師の方々で気をつけなくてはならないのは、モンスターペアレントは発達障害の可能性があるということです。このことを認識して接するか接しないかで、随分と対応の仕方が変わってきます。表面的に対応しても解決しません。親の持つ認知能力の弱さに視覚支援などで対応しながら不安を受け止めて、心を癒していくことが重要です。

私の教師経験の中に、次のようなことがありました。

ある男の先生の話です。その先生は、ある高等学校から特別支援学校の高等部へ転勤してこられた先生でした。10年ぐらいの教職経験があるのですが、発達障害のある生徒を担任した経験はそれまではなく、特別支援教育についてほとんど知識も経験もなかったのです。その先生は、転勤してきた理由を「特別支援学校は勤務時間が短く、早く帰れるから」と特別支援学校の先生方の面前で声高に言うような先生でした。実際は、特別支援学校だからといって勤務時間が短いわけではないし、超過勤務を強いられている先生方もたくさんいるのが現状です。

その先生をA先生としましょう。

A先生は、怒ると妙に迫力を感じる先生でした。声はどすが効いており、広島出身の先生であり、バリバリの広島弁を話す先生でした。広島弁というと、やくざ映画の『仁義なき戦い』を思い浮かべる方も多いと思います。喧嘩のときに迫力の出る言葉です。

なぜ迫力が出るか。それは、「ラリルレロ」「じゃじじゅじぇじょ」など、ブレイクスルー系の音を多用した言語だからかもしれません。「何をしているんだ」ではなく、「何やっとんじゃあ」という言葉が広島弁です。「おまえ、何してるんだ」だと「わりゃあ、何やっとんじゃあ」なんて言ったりする人もいるぐらいの、迫力ある言葉です。もっとも最近では、広島でもそのようなバリバリの広島弁を使う人はほとんどいませんが、語感としては迫力ある言葉です。このことについては脳科学から「クオリア」という概念を導入して詳しく説明できますが、この本ではこれだけの解説にしておきます。

さて、そのA先生が、ある男子生徒を叱責しました。その生徒は特別支援学校の高等部3年生で、B君としましょう。B君は、認知の程度でいうと10歳程度の自閉症で、発語もあり、日常の会話なら不自由なく受け答えすることができる生徒でした。不注意性や多動性、衝動性も持ち合わせており、じっとしていられず、新しいものや珍しいものなどを見ると必ず触ったり、物を窓から投げたりしていました。

ある日、一つの事件が起こります。

特別支援学校の高等部では、卒業後を見据えて職業教育の一環として以前より「作業学習」という時間を多く設けており、週に2、3日、通しで作業学習を行っている学校も多くあります。この作業学習の時間に、その事件は起こってしまいます。

作業内容は木工、本立て作り。先に木を加工しすべての部品を作り、日にちを決めて一気に組み立てるという方法をとっていました。

その日は、電動のこぎりで木材を一定の大きさに切って、部品を作る作業を行っていました。その生徒は、認知の程度は高いので、作業の意味はよく理解しています。切り取りラインが引いてある木材が電動のこぎりの横に置いてあれば、視覚的に一気にやるべきことが分かるはずです。

第五章の「指導の仕方を分ける――同時処理型方略と継次処理型方略」で詳しく解説していますが、この生徒は「同時処理型学習者」で、物事を高速で処理できる脳の持ち主でした。

この生徒は、教師の指示を待つまでもなく、視覚に入ってきた電動のこぎりと木材という情報処理を一気に済ませて、電動のこぎりのスイッチを入れて木材を切り始めたのです。悪気は一切ありません。あるのは、同時処理された視覚情報の処理としての結果である電動のこぎりで木材を切るという認識と衝動性という特性です。

待つというトレーニングを重ねていけば、待てるようになるかもしれませんが、この段階ではできていませんでした。したがって、待つというのは、この生徒にとっては一番苦痛なことなのです。

何の指示もないのに、電動のこぎりにスイッチを入れて木材を切ろうとしたB君を見て、A先生が怒りました。

「お前、何やりよるんじゃ。勝手なことをすな。いい加減にせえよ」

大きな声で怒鳴るように言いました。一瞬の出来事でした。

B君は、すぐに反応し、何十回も、そのA先生に向かって繰り返し言い続けました。

「切りません。切りません」「切りません。切りません」「切りません。切りません」

そばにいた女子生徒のCさんも反応し始めました。

「ごめんなさい」「ごめんなさい」

Cさんも自閉症の生徒でした。自閉症のある人の中には、他人が怒られても自分が怒られているように受け取る人がたくさんいます。そのときの出来事に対して、自他の区別をつけるのが難しい人が多くいるのです。

Cさんは、自分が強い衝撃を受けてしまいました。

ここから、この事件は思わぬ方向に行きました。

Cさんは、家に帰ってお母さんにこのことを訴えたのです。

「B君がA先生に怒られたんよ。すごく怒られたんよ。大きな声でみんなびっくりしたんよ。A先生ね、B君の両肩をつかんでゆすったんよ。B君、何度も、もうしません、もうしませんと言ってたよ。すごく怖かったんよ。学校に行きたくない」

これを聞いたCさんのお母さんは、すぐにB君のお母さんに電話をしました。Cさんのお母さんは、自分の娘から聞いたことをB君のお母さんに話したのです。伝言ゲームのようなもので、伝言というのは歪《ひず》んでいくものです。

Cさんのお母さんは、常日頃からこのA先生に対して不信感を持っていました。A先生は、厳しくて子どもの気持ちに関係なくきついことを言うと思っていたわけです。おそらく、Cさんのお母さんからB君のお母さんへの伝言でのニュアンスが、このようなCさんのお母さんの感情に同化していった可能性があります。

この連絡を受けたB君の母親は、「A先生からうちの子が虐待を受けた」といった形で学校に対してクレームをつけました。

私は、特別支援教育士スーパーバイザーとして専門的見解を述べるため、学校からの依頼を受けて現場の検証を行いました。

事実として、このA先生は、大きな声でB君を叱責しています。A先生の気持ちは、安全管理のために怒った、当然のことをしたというものでした。自閉症の生徒に対する大きな声の叱責の危険性についての知識はありませんでした。B君の体をつかんで、目を見て大きな声を出したのであって、体をゆすったりはしていませんでした。これは、近くにいた先生方から裏付けをとっています。

B君の母親は、A先生は特別支援教育について素人で頼りにならないという噂や、実際に授業参観で見たA先生の子どもを無視しているかのような授業、他の生徒への対応でのきつい言動や、授業への遅刻といった不適切行動をほかの親から聞いていました。

このB君の母親は、不安の傾向が高く、こだわりを強く持つタイプでした。理不尽なクレームで学校を悩ますモンスターペアレントではないのですが、学校と折り合いをつけて許していこうというよりは、白黒つけてシロなら我慢しよう、しかし、クロならダメな先生なんだから辞めてもらうのは当然という考えを強く持っているタイプでした。対応いかんによっては、モンスターペアレントとなる可能性を持った親ともいえるでしょう。

このB君の母親もそうですが、認知の凹凸のあるクレーマーというのは、言っていることは正しいのです。しかし、対人的な相互交流ができず、情緒的なやり取りができないのです。本などに書いてあることも頭から信じていて、行間を読んだ深い理解はできません。これまでの対人関係で被害的になっていて、実際にだまされたり裏切られたりしたことも多く経験しています。正確無比な記憶力を持っている方も多く、ちょっとした言葉の違いや相手が言った「子どものために生きていくのが教師の役目」などという言葉を真に受け、さらにこの言葉を盾にして要求や非難をしてくるタイプです。世間的な常識は通用しない、ある意味少女的な純粋さを持っているタイプなのです。このタイプこそ、恐るべき手ごわい最強のクレーマーに変身するのです。

以上述べてきたことを踏まえると、モンスターペアレントへの対応で最も大切なことは、認知の凹凸のある人や発達障害のある人にやってはいけないことをしないようにするということになるのです。

結局、この事件を振り返って二つの問題点がA先生にもあると思います。一つは、A先生の障害を持った生徒への見方に問題があると思いました。もう一つは、A先生の専門性のなさにあると私は判断しました。

A先生の生徒へのまなざしというか、とらえ方というか、障害児に対するA先生の思想を痛切に感じた文章がここにあります。この文章は、学年通信にA先生が自分のクラスの生徒の新年の抱負ということで寄稿したものです。調査した中から出てきたものです。

「歯磨きをしっかりしていきます。健康な歯で、大きな唐揚げ、クッキー、ポップコーン、カレーライス、メロンパン、コーヒー、ミルクティー、フライドポテト、アイスクリーム、ロールケーキをいっぱい食べたいです」

高等部3年生の卒業の年を迎える学年通信に載せる文章として、皆さんはどう思われますか。確かに知的遅れのある生徒なので、精神年齢は1、2歳の生徒もいます。しかし、生活年齢18歳の青年たちに向けて、平気で悪びれもせず、こんな文章を書いてよしとしているA先生の障害児に対する考え方とはこんなものなのでしょう。

この文章を読んだとき、私は怒りすら感じてきました。

「生徒たちをバカにするな」と怒鳴ってやりたかったぐらいです。

私は、感情を抑えて、この文章をぼつにさせて書き換えるように指示しました。

18歳の高校生にふさわしい新年の抱負を学年通信には載せるように申し上げたのでした。

障害を持った子どもの教育を子守り程度ととらえているA先生の考え方が、こういった形で表に出るのです。この思想性が専門性のなさと相まって、この事件は起きたのです。

このような障害を持った子どもたちに対して、低く見下げたような思想の持ち主は専門性の向上もできないでしょう。

A先生は、このような根本的なところから自覚して自己変革していかなければ、また同様な事件が起こるでしょう。

A先生は自分が必要以上の大きな声で自閉症の生徒を怒ったことや、その現場に自閉症の他の生徒が居合わせているということになんら配慮もせずに、さらにこの配慮のなさに対して反省するような態度を一切示しませんでした。むしろ、安全のために怒ったのが何が悪いのかというような思いを強く持っていて、何度も「私が悪いんですか？」と訴えていました。

私は、安全のために怒ったことが悪いとは一言も言っていません。怒り方の問題点に気づいてほしかったのです。

安全について教えたいのなら、大きな声ではなく、低い声でゆっくりと話した方がいいし、特別支援学校なら視覚支援のカードなども活用してもいいとさえ思うのです。先生の合図で木材を切り始めるということを、具体的にその生徒の特性に応じて教えてほしかったのです。

しかし、このA先生は自分の考え方を変えようとはしませんでした。

A先生への観察および面談から、A先生自身に認知の凹凸を感じました。A先生自身が不安化傾向が強く、自分が悪くないという固執的な応答を繰り返しました。

A先生は、残念ながら、キャリアマッチングという点で、特別支援教育を担当する教師となるタイプの人間ではなかったのかもしれません。

障害を持った子どもに対するまなざしに問題がある上に、認知に凹凸がある場合、その思想の問題点に気づくのすら難しいのかもしれません。したがって、自らに研修を課して専門性の向上を図るべく努力をすることはないのです。

このタイプの教師は、自分の思想は正しくて、自分は間違った行動はしていないといつも思っています。悪いのは自分ではないという主張を繰り返すことになります。これに対して、不安化傾向が強いタイプの親ほど、「教師としてお金をもらっている以上、自閉症や知的障害教育の専門性を高めるのは当たり前だ」と主張します。一番厳しい目で教師を見ているのが、不安化傾向が強くこだわりの強い親なのです。

したがって、A先生とB君の母親との関係は悪化するしかないのです。

学校現場におけるクレーム事例として、親と教師双方に認知の凹凸があるケースは多くあります。考えてみれば当たり前かもしれません。コミュニケーションに弱さを持つ者同士の対話であり、その背景には子育てという不安を醸し出しやすいテーマでやり合うわけですから。

しかし、このように親と教師双方に認知の凹凸があるケースが一番事態は悪化していきます。双方とも、各々の考え方や思想をお互いのコミュニケーションから気づくことに対して弱さを持っているのが、認知に凹凸を持った人たちなのです。お互いに歩み寄るのはなかなか難しいでしょう。

ひょっとしたら学校現場でなくとも、銀行における客と銀行員、携帯電話ショップにおける客と店員など、同じようなことがあるかもしれません。

だからこそ、親にも教師にも、そして広く一般の人たちにも、まずは自分の認知の構造を理解してほしいのです。認知の凹凸があるのなら、それを自覚してほしいのです。

発達障害と家庭内暴力（DV）

あなたは、夫婦間で次のような感情を抱いたり、行動をとったことはありませんか？

・夫が異常に嫉妬深く、妻の行動をいちいち監視し、明け方までしつこく追及する。
・夫が、ささいなことで突然怒り始め、怒鳴りつけたり、物を投げたりする。蹴《け》られて肋骨を骨折したこともある。
・何度注意しても妻の衝動買いが抑えられない。家計が立ちゆかなくなるほどの金額になるので、カードを取り上げた。
・夫が毎日パチンコに通い、家庭には給料から一銭も入れる気はない。

家庭内暴力（ＤＶ）も、背景に発達障害が隠れていることがあります。結婚した途端に人が変わった。家族を自分の持ち物のように支配し、コントロールする。コントロールできないと、執拗《しつよう》に攻撃する。こだわりが強く、ささいなことで激しく怒って子どもや妻に暴力をふるう。こうした話を聞くと、発達障害の特性そのもののように思えてなりません。

本人は別れたくないにしても、結局は家族は崩壊し、大切な人を失うことになります。このようなことの原因の一つとして、発達障害が背景にあるのです。発達障害があるために親子関係だけではなく、夫婦関係もうまくいかないのです。私は、今まで出会ったたくさんの親御さんや子どもを通して見てきました。家庭の状況から、経験的にどちらかに発達障害のある夫婦の場合、離婚率も相当高くなるのではないかと考えています。この調査は、今後も続けていく計画があります。いずれにしても、家族の問題の背景に発達障害がある可能性を意識して取り組まなければ、解決は難しいのではないでしょうか。

発達障害は、子どもだけの問題ではありません。現在の大人の場合、子どもの頃に発達障害という概念が浸透していなかった分、診断などなされないまま大人になっているケースが多くあると考えられます。成長する中で克服していくケースもあると思われますが、大人になってもその特性が強く残っているケースや、二次障害としてうつや反社会性などが出ているケースも少なくありません。

この二次障害を予防するためにも、社会全体が支援していかなければなりません。そして、周りは特性を理解し、環境の整備やできる支援を工夫することが大切です。

これが、発達障害のある人の社会への適応を促すことになるのです。発達障害のある人が社会に適応し自立した職業生活や家庭生活を送ることが、本人だけでなく周囲の人々が幸せになることになるのです。

自分だけが幸せということは、人間にはありません。私たちの人生を少し振り返って考えても、自分だけが幸せなんていう幸せはないことが皆さんにもご理解いただけると思います。

発達障害とニート

大人の発達障害としてDVと共に最近問題になっているのが、ニートです。20代〜30代を中心に、その数は増えているといいます。

ニートになる人の中には、発達障害のある人が多く含まれているのではないかと考えています。マニュアル的な仕事はできるようになっても、世の中の多くの仕事は正解、不正解といった白か黒かで判断されるものはほとんどなく、グレーゾーンのきわどい判断をあらゆる妥協のもとで行っています。このグレーゾーンの判断が発達障害のある人には最も難しく、ストレスのたまるものなのです。

上司や同僚から「どっちでもいいよ」とか「いつでもいいから」と言われると、どっちなのか、いつなのかがさっぱり分からないのです。

また、社会には暗黙のルールのようなものがたくさんあります。「食事は肘《ひじ》をついてとらない」とか「やたらと人をべたべた触らない」などの基本的マナーも、簡潔明瞭に指示しなければ本人は悪気なくやってしまいます。「人に聞こえるように独り言を言わない」なども、周りの者がきちんと注意しないとやめません。

そして、就職して最初のニートの危機はゴールデンウィーク明けにやってきます。入社の時期が過ぎ、そろそろ緊張がほぐれる頃なのに、無気力で勉強や仕事に身が入らない、集中力がない、強く疲労を感じる、朝、起きられない、眠れないなど……。このような症状が出てきたら、「五月病」のサインかもしれません。

脳科学者・脳評論家の澤口俊之さんが、五月病の克服法を「ホンマでっか!? TV」（フジテレビ系）で語っていました。

新しい環境への適応能力は18～20歳がピークです。大学の新入生や新入社員が五月病になるのは、本来ならおかしなことなのです。また、中高齢者も、生物学的に適応能力を維持しているはずですから、人事異動や転勤などで五月病になるのも、やはりおかしなことなのです。それでもそうなってしまうのは、「新しい環境への適応能力」が低いためであることが脳科学的に証明されています。専門的には、この能力を「流動性知能」といいます。

そして、流動性知能に深く関係しているのがドーパミンです。ドーパミンが多い多動性傾向の人は、五月病など無縁です。むしろ、新しい環境を面白がって探索し、生き生きして、とても元気になります。このような人は、むしろ、退屈や変化しない日常で落ち込みます。

一方、流動性知能が低い人は五月病になりやすく、悪化するとドロップアウトし、引きこもってしまう場合もあります。澤口俊之さんによると、一流企業に入ってから一年以内にドロップアウトして、いわゆるニートになる新入社員が30〜40％もいるそうです。そうした社員に共通しているのは流動性知能の低さなのだそうです。

五月病にならないためには、幼児期に探索行動をたくさんして流動性知能を伸ばしておくことがカギになります。とはいえ、流動性知能は成人でも伸ばせますから、五月病の克服法は、

1. 夢や目標をしっかりと持ち、それに向けて少しでもいいから努力する。
2. いろいろなことを建設的に批判する訓練をする。

この二つの方法で、流動性知能もドーパミン系もある程度、発達させることができます。また、探索的に体を使う運動をするだけでも多少の効果は望めるので、晴れた日に山や野原で昆虫や花などを調べながらハイキングをしたり、広々とした青い空を見上げて将来の楽しい状態を思い浮かべるなどもよいのではないでしょうか。

自分を知ることの大切さと難しさ

ここで、とても重要なことを述べておこうと思います。ここ10年、いろいろな学校や障害者の生活を支援する現場を回って私が感じることは、実は発達障害とまではいかないまでも発達に偏りを持っている人がたくさんいて、皆さん困っているという現実です。さらに、なぜ自分

は困っているのかが分からないために、性格が悪いからだとか、育った環境に原因があるだとか、挙句の果てには、運が悪いからだとか運命論まで出る始末です。

私が発達障害についての講演をして最も多いのは、皆さん「自分も認知の弱さを持っているというのが分かった」という反応です。

特に「聞く力の正体」として今まで論じてきた「聴覚的短期記憶」の説明は必ずしていますが、ものすごい反響です。

「だから私も人の言うことがよく分からなかったんですね」

そして、こう言われます。

「メモをとろうと思います」

それでいいんだと思います。自分のことが分かれば、対策も分かり、前向きになれるからです。私が最も大切にしているのは、相談者や講演を聞きに来てくれた方々が前向きになれるような助言であり、講演です。

人間教育の極意は、「アメとムシ」

大人でも子どもでも、これらの発達障害や認知の凹凸を持っている人たちを育てるには、人間教育という支援が必要です。

皆さんは、植木理恵さんをご存知でしょうか。

明石家さんまさんのフジテレビ「ホンマでっか!? TV」にご出演されている、新進気鋭の心理学者です。この植木理恵さんの著書で『シロクマのことだけは考えるな！——人生が急にオモシロくなる心理術——』（新潮社）という本があります。

その中に「おりこうさんは、アメとムチではなくアメとムシで育つ」という一文があります。実は、これと同じようなことを、私は10年前から講演などでよくお話ししていました。まずは、次の実験を想像してみてください。マウスの実験です。

左の図をご覧ください。

T字路になっている箱にマウスを入れて、アメとムチの効果を調べようという心理学の実験です。次のような三つの箱を用意して、それぞれにマウスを一匹入れます。

マウスAはT字路を左に曲がるとエサ。右に曲がると電気ショック。

マウスBはT字路を左に曲がっても何もない。右に曲がると電気ショック。

マウスCはT字路を左に曲がるとエサ。右に曲がると何もなし。
A、B、Cそれぞれのマウスは、どのような反応をすると思いますか。
これは、とても有名な実験です。普通に考えたら、Aが一番効果的なような気がしますね。

これこそ「アメとムチ」そのものです。

図6－1　大人の発達障害の特性

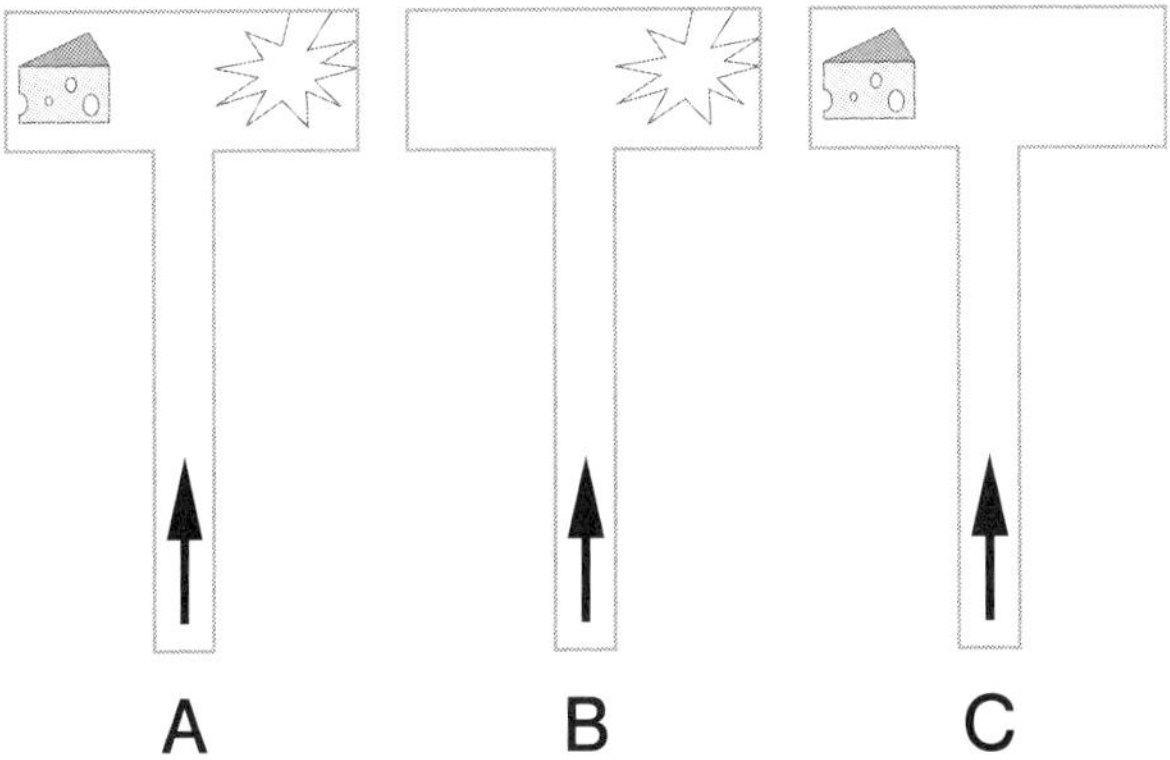

ところが、何度繰り返し実験しても、一番効果的なのはなんとCなのです。

成功すればアメ、失敗しても何も起こらない。まさに「アメとムシ」。

アメだけを与えられた彼らが、最も早く左に曲がることができるネズミになったというのが、この実験なのです。

では、残りのA、Bのマウスはどうなったと思いますか。

アメとムチを与えられたAも、ムチだけを与えられたBも、実験を繰り返すうちにまったく動かなくなり、電気ショックというストレスに耐えられなくなって、固まってしまうのだそうです。

下手に動けば電気ショックを受ける。そのことで委縮して、チャレンジ精神なんてどこかに吹っ飛んでしまうのだそうです。エサなんていらない、それよりも電気ショックを受ける方が怖い、もう何もしたくないという感じになってしまいます。

実験後の解剖で、A、Bどちらのネズミにも胃潰瘍ができていることが判明しています。ストレスが原因です。恐るべきはムチの恐怖、すさまじい威力です。アメの効果なんて役に立ちません。

これは、翻って人間教育について考えても想像できると思います。

実は、失敗したときに電気ショックを受けるというのは、たくさんの人が見ているクイズ番組に出演して、クイズの答えが外れなら「ブー」とブザーが大きく鳴り、見ている聴衆がみんなでブーッと声を出して親指を下に向けてブーイングをするようなもので、怖くて答えたくなくなるようなものです。

さらに、このブーッという音には、何のヒントも隠されていません。情報としてはその答えは間違っていますというだけで、正しい答えに向けてのヒントは何もないのです。ムチというのは、そのぐらい情報量の少ない反応でしかないのです。

しかし、相手が不適切行動をとったときに無視するのは、すごく難しいものです。

ある特別支援学校に、ある知的な遅れのある自閉症の男子がいました。年齢は、17歳。この生徒に関して、担任の先生から次のような相談を受けました。

「その生徒は、時々人前でパンツごとズボンを脱いでしまいます。人前でズボンを脱がないようにするにはどうしたらいいでしょうか」というものでした。

私は、早速授業観察に入り、すぐにその場面に遭遇しました。

その生徒は、教室でズボンを脱いでしまいました。それを見た先生は、大きな声でその生徒の名前を呼んで、ズボンをはかせるために近くに飛んでいきます。周りの生徒も大騒ぎ、「○○くん、ズボン脱いだらダメよ」とか「早くズボンはいて」と声をかけていました。

その生徒は、とてもうれしそうに、これ見よがしに立っています。まさに、今風に言うと「どや顔」です。

この注意や、すぐに近くに飛んでいく行動は、この生徒にとってはアメです、とてもうれしいに違いありません。みんなが注目してくれて、かまってくれるんですから。

今の学校教育において、本当のムチを与えるのは不可能です。電気ショックなんて与えられません。効果的なムチは、体罰であり虐待です。そうすると別の意味でストレスや傷を負わせることとなり、教育ではなくなってしまいます。学校教育法でも禁止されています。

学校教育の中でとれる最善の方法は、その生徒がズボンを脱いでも無視するということです。しかし、これもできるだけ初期の段階で、もっと年齢の低い段階でその取り組みをしなければズボンを脱がなくするのはとても難しいものとなるでしょう。

しかし、無視して怒らないでいるのはとても難しいものです。悪いことをすれば怒ってしまうのが人間です。周りの状況やこの理論的背景を知らない多くの人は、なぜ怒らないのかと非難するでしょう。

このケースだと年齢は17歳で、しかも、やっていることはズボンを脱ぐという行為、知的な遅れもある生徒だと、とても難しい取り組みとなります。

しかし、家庭との連携をとりながら、できるだけ不適切行動は無視していくしかありません。大事なのは、こうなる前にできるだけ早期に、この理論にのっとって芽を摘んでおくことです。早期であれば早期であるほど、効果は絶大です。そしてズボンを脱がずにいたときは、ほめなくてはいけないのです。

もう一つ、例をお話ししましょう。

私は学校が40日間の夏休みの時期、ほぼ毎日と言っていいぐらい、学校に招かれて校内研修会の講師をしています。夏休みだけでなく、冬休みにもたくさんの研修会の講師をしています。

夏の暑い時期、笑い話のようですが、こんな相談を受けました。

ある女性の先生からの質問でした。

「うちの旦那、裸でパンツもはかずにテレビでプロ野球の観戦をするのが日常化しているんですけども、これを見るのが嫌で嫌でたまらないのです。これもアメとムシで直せるんですか」

というものでした。パンツの話ばかりですみません。

「もちろん原理的には変わりません」とお答えしました。

おそらく、この奥様は、旦那様がパンツをはかずにテレビを見ていると、怒っていると思うのです。

「みっともないわねえ。パンツぐらいはきなさい」

これは、ムチにはなっていません。

旦那様は、痛くも何ともありません。

電気ショックや体罰を与えればムチになるかもしれませんが、これをやっては、たかがパンツの問題のために人権など別の問題になってしまいます。されど、このパンツの問題が女性にとっては嫌で嫌でたまらないのです。だから難しいのです。

そうです。無視しかありません。

旦那様が、パンツをはかずに野球を見ている。無視です。じっと我慢して無視するのです。やがて来る、パンツをはいた凛々《りり》しい旦那様を想像して、じっと我慢をするのです。

それが、3日、4日と続くかもしれません。しかし、我慢を続けるしかないのです。昔は、好きで好きでたまらなく結婚した相手です。やがて、10日、15日とたったある日、チャンスは必ず訪れます。

何の拍子か、パンツをはいているときが必ず来るのです。そのとき、すかさず、アメの連打を浴びせかけなければいけません。思い切りほめまくるのです。やっと来たチャンスです。これを逃したら、また10日以上待たなくてはいけません。

できる限りの笑顔で、

「あなた、パンツをはいてくれてありがとう。あなたがパンツをはいてくれるなんて本当にうれしいわ。わたし、し、あ、わ、せ」

女優になったつもりで、感情を込めて優しく言ってください。ウィスキーをサイダーで割ってあげて、ハイボールで乾杯してもかまいません。

失敗は許されません。タイミングこそ命です。的確にほめてください。

日頃から練習をしなければいけません。イメージトレーニングです。トレーニングを積んでいれば、必ずうまくいきます。

相手は、照れるかもしれませんし、気持ち悪がるかもしれません。それでも実行しなければいけません。

「気持ち悪いなあ。やめてくれ」

なんて、憎まれ口を言ってくるかもしれません。これにまともに反応してはいけません。

憎まれ口を言ってきてもいいのです。あなたの作戦は、成功しています。だから反応しているのですから。

問題は、あくる日です。また、パンツをはいていないかもしれません。そんなものです。ここで怒ってしまったら、元の木阿弥です。振り出しに戻ってしまいます。無視しなければいけません。

実は、ここが肝心なのです。人間、一度うまくいくと安心してしまうもののようです。そんなに世の中うまくはできていません。

一度でうまくいくならこんなに苦労はしません。無視して、次にパンツをはいている日を待つのです。そして一度、あなたは、アメを与えるのに成功しています。

チャンスは近い将来必ずやってきます。

この前が15日待ったのなら、7日ぐらいで必ずやってくるのです。そして、案の定パンツをはいている日がやってきたら、今度は女力をアップさせて気絶するくらい思いっきりほめてください。

「わたし、しあわせ、あなたやっぱり、パンツはいてくれたわね。あなたほどパンツの似合う男はいない」

なんて言いましょう。

「ごほうびにビール一本」なんて、ごほうびを与えるのも効果的です。

相当強化されたはずです。でも安心してては、いけません。必ず、パンツをはいてない日はやってきます。ここで怒っては、せっかくの苦労が水の泡。我慢しましょう。無視です。すぐにパンツをはいている日はやってきます。

精一杯の女力を総動員して、あなたのありとあらゆるエネルギーを相手に集中させて、ほめましょう。

3回強化すれば、定着します。

だいたいパンツをはいていなくとも、感情をあらわにできない分、我慢は必要です。でも、あなた好みの旦那様に改造するためには、理論と訓練が必要なのです。一番必要なのは、あなたの我慢と演技力。これで、旦那様の力を100％引き出したのです。

ほかへも応用可能です。ぜひ試してみてください。反社会性の進行を止めるのもこの方法しかないのです。これが私の結論です。

第七章　発達障害への社会の取り組み

人の生きる力としての人権

「人が困ったり、弱っていたり、傷ついているときのその人の気持ちを酌み、優しく接する」、これは、この著書でも一貫しているテーマであり、私が常に最も注目しているテーマと言ってもかまいません。

人は、困っているとき、生きる力としての「人権」が揺らいでいる状態になります。生きる力が弱まっていると言ってもいいと思います。

このことについて、詳しく書きます。

私は、高等学校卒業と同時に数学を学ぶために大学に入学し、卒業してすぐに数学の教師になりました。教師となってちょうど10年目ぐらいのときに、平和教育の研究を真剣に行いました。このときに、人権とは何かということを解明したくて、法学部に学士入学しました。以後、「人権とは何か」ということにこだわって教師生活を送ってきました。

ここで、少し長くなりますが、「人権」について説明させてください。「人権」について説明するとき、私が引用するのが日本国憲法第13条です。

ここに抜き出してみます。

「すべて国民は、個人として尊重される。生命、自由及び幸福追求に対する国民の権利については、公共の福祉に反しない限り、立法その他の国政の上で、最大の尊重を必要とする」

私が、日本国憲法の中で最も重要な条文と考えているのがこの13条です。

もともと憲法は、国民の自由と人権を保障するために国家権力を制限するものです。つまり、それは、国民一人ひとりを独立した一個人として尊重し、その価値を最大限に評価しようという個人主義の考え方です。近代憲法は、各個人はそれぞれかけがえのない価値を持ち、その人格は最大限に尊重されなければならないと同時に、各個人は互いにまったく独立しており、自らの考えのみによって行動することができる、という思想のもとに立っています。逆に言えば、人間は本来そのような自立した個人であるからこそ、個人が最大限に尊重され、自由が確保されるべきなのです。このような近代立憲主義の考え方は、日本国憲法にももちろん受け継がれており、それを示すのが13条なのです。


「すべて国民は、個人として尊重される」とする憲法第13条は、個人の尊重をすべての人権規定に先立って規定しています。

日本国憲法の最も重要な規定はどこかと聞かれたら、個人の尊重を定める13条こそが、この憲法の理念を貫く思想を示すものとして、真っ先に挙げられるべきなのです。

個人を尊重するためには、自立的な個人の自由と人権を保障することが欠かせません。三大原理の一つである「基本的人権の尊重」は、もともと個人の尊重に由来するものなのです。そして、この場合、「国家権力に対抗する意味での自由を保障すること」が大切であり、このような自由は「国家からの自由」または「自由権」（精神的自由と経済的自由があります）と呼ばれています。

これに対して、より時代が進むにつれて、「国家の積極的な介入があって初めて実現される人権の存在」があり、このような人権は、「国家による自由」または「社会権」（生存権や教育を受ける権利、労働基本権など）と呼ばれます。

そして、このような自立した個人からなる社会は、社会全体でもやはり自己統治を行うべきではないか、国民が自ら自分たちを統治することが、社会全体が自立するために必要ではないかという考えが生まれてきます。

これを、日本国憲法では国民主権といい、民主主義の考え方のもとになっています。

「基本的人権の尊重」と「国民主権」が「個人の尊重」から出てきましたが、「平和主義」もこの個人の尊重から出てきます。

つまり、個人が真に自由な意志を持ち、自由に行動するためには、どのような形であれ他者による威嚇《いかく》があってはいけません。

よって、他国の武力による威嚇をなくしていくことが、真の意味での個人の尊重を守るためには必要です。そして、戦争によって最も苦しみを受けるのは、一般市民でもあります。

私が暮らす広島市は、１９４５年8月6日、原爆投下により当時35万人いた人口のうち14万人が死亡しました。個人の尊厳が、一瞬にして消滅しました。

　自立した個人による幸福な社会の実現のために、戦争のない世の中をつくろうという平和主義の理念は、まさに人間の尊厳を確保し、個人を尊重するために憲法が掲げた理念であると言えるのです。

　このように、人権保障、民主主義、平和主義が出てきましたが、どれが一番大事かと言われたら、やはり最も直接に個人の尊重に関係する「人権保障」です。

　すなわち、人権は、人が生きるためになくてはならない力と言うことができます。人権保障の中で、私たちが一番気を使わなければいけないものとは何でしょう。それは、「安心」です。人の生きる力としての人権とは、「安心」してそこに存在できるということだと思うのです。

　それでは、「安心」するためには、何が必要なのでしょうか。それは、「私は私であるだけで十分素晴らしい存在であるという自信を持てるということ」であり、「自分で自分の人生、自分の住みたいところ、自分の職業、自分の結婚相手を選べるという自由を持っていること」であると思うのです。

　これは、選択したことがもしうまくいかなくても自分で引き受けていくという自由であり、勝手気ままということではありません。

　安心により人は幸せになるための道を歩もうと思い、人の幸せとは人間同士愛し愛されることであり、ほめられ、ほめることであり、人の役に立ち、手助けされることであると思うのです。したがって、人が生きるために必要なのは安心であり、安心からくる自信だと思います。

さらに、自由を謳歌《おうか》するためにもこの安心や自信が必要なのです。この安心や自信を基礎として、人間はお互いを愛おしい存在として尊重し、ほめたりほめられたりというコミュニケーションをとり、人を助けたり助けられたりという共存を求めるようになれるのです。

結局、生きる力は、安心という土台がなければ持つことができない力なのです。

この本は、発達障害というテーマで構成されていますが、今述べた「安心」またはその反対にある「不安」という概念が重要なキーワードです。

発達障害への社会的取り組みとは、誰もが安心できる社会をつくる取り組みでもあるのです。

アサーティブである権利と責任

私は、森田ゆりさんの研修を受けて「アサーティブである権利と責任」について学びました。

森田ゆりさんはエンパワメント・センターを研修機関として兵庫県西宮市に設立し、1997年より人権問題、子どもへの虐待防止、ドメスティック・バイオレンスやセクシュアル・ハラスメントの暴力被害者支援に従事する専門職の人材育成と技法向上を目的とする研修事業に専念されてきています。

私は、この研修プログラムの一つを受講しました。

それは、２００７年6月でした。14時間の二日間にわたる研修であり、西宮市で行われました。内容は「アサーティブネス・トレーニング」の研修でした。

「アサーティブネス」とは、自分がどう感じているのか、何を欲しているのかを認知し、それを相手に率直に伝えるコミュニケーション・スキルのことです。表層的な会話術ではなく、自分の気持ちを大切にし、自分を尊重すると同時に、相手も尊重する方法です。自分の主張を押し通すことではなく、相手の権利を侵害することなく自分の権利を大切にすることです。

この研修のテキストであった『多様性トレーニングガイド』（森田ゆり著、解放出版社）には、アサーティブである「わたし」の権利として次の1～10を挙げて、この10の権利の一つひとつを自分は今まで行使してきたかどうかを問い返しながら、何度も読んでほしいと述べています。

・わたしには自分の身体と感情と考えを大切にする権利がある。
・わたしには他人から人として尊重される権利がある。
・わたしには怒り、悲しみ、不安などの感情を言葉で伝える権利がある。
・わたしには自分の行動の優先順位を選ぶ権利がある。
・わたしには要求する権利、または要求を拒否する権利がある。

・わたしには考えを途中で変える権利がある。
・わたしには自分の考え、気持ちを何度でも言葉で伝える権利がある。
・わたしには相手の問題を自分の問題にしなくてもよい権利がある。
・わたしには相手と距離を持つ権利がある。（境界線を引く権利）
・わたしにはアサーティブに行動しないことを選ぶ権利がある。
また、アサーティブである「わたし」の責任として、次の三つを挙げています。
・わたしは相手の「アサーティブである権利」を理解する。
・わたしは自分の選んだ行動の結果を引き受ける。
・わたしは自分の感情に責任を持つ。
アサーティブであろうとするとき、右記の10の権利を認識しているのとしないのでは生きていく上で大きな違いをもたらすと思うのです。権利として持っているという認識が、現状の改善を生むのではないでしょうか。現状の改善は、自己改革からしか始まらないのですから。自己改革する礎となる10の権利だと思います。

これにも、私が繰り返し主張している「知識のない（自己）愛は力にはならない」という考えが適用できます。この「10の権利と三つの責任」を知識として押さえて初めて、相手の権利を保障できるのです。相手の権利を保障しなければ、自分の権利を守ることはできないのです。

すなわち、この「10の権利と三つの責任」を知識として確認できなければ、「自己改革の道理」を理解できません。「自己改革の道理」を理解することにより、自尊感情を見つめることができるようになります。自尊感情を見つめることができなければ、自尊感情を保つことはできません。

特に、内気であるとか、受動的傾向の強い人は、この10の権利と常に向き合うことが大切だと思います。

忘れてはならないのが、アサーティブネスには三つの責任が伴うということです。権利を行使するには、同時に責任が伴うのです。アサーティブネスにも権利と責任があるのです。

DVの事例から学ぶこと

次の事例を見てください。なお、この事例は、個人情報保護のため、個人が特定されることのないよういくつかの事例を組み合わせています。このように、いくつかの事例を組み合わせることができるくらいに、私は最近、DVの事例に出合うことが多くなりました。もっとも私は教育者であるので、あくまでも子どもの相談ということで上がってくるのですが、その背景には、DVがらみの相談であることが多くなってきました。

私が講師を務めている住宅街の公民館の母親学級でのことです。講演の後、一人の母親が私の元に近づいてきました。「先生、お時間よろしいでしょうか。ちょっとご相談が……」。私が「どうぞ」と言うと、次のような内容のことをポツリポツリと話し始めました。

初めは、特別支援学校中学部1年生の男子の生徒の言動が気になるということでした。現在は、この子どもと二人きりの母子家庭です。3年前に、母子に対しての夫からの暴力に我慢できなくなり離婚したそうです。

夫は地元の国立大学の工学部、大学院を修了しているコンピュータのシステムエンジニアです。妻の方も地元の女子大学を卒業しています。結婚は夫31歳、妻27歳のときだったそうです。妻は、結婚後は専業主婦だったそうです。子どもが大きくなったのと、不況の波で夫の残業も減り収入を補充する目的でパートに出たところ、夫に変化が現れます。

夫の妻への監視が始まります。自宅の有線の電話に、一日に何度も電話をかけてくるようになったそうです。この電話に出ないときが大変です。携帯に電話をかけてきて、理由をしつこく聞いてくるようになったのでした。夜も家で何時間も何度も何度もしつこく理由を問い正して妻を寝かせません。

もともとは、おとなしい人のようでしたが、妻の日常の行動に対して根掘り葉掘り聞いてきていたそうです。結婚してすぐは、それも愛情表現だと思っていたそうです。

しかし、妻がパートに出た頃から、干渉的な態度はエスカレートしてきます。ちょっと近所のご主人さんとあいさつを交わしただけでも、「お前は浮気している」としつこく言い寄ってくるぐらいでした。この嫉妬深さもひどくなり、暴力が出るようになってきます。自分の思うようにならないと暴力が出るようになったそうです。大きなことではなくても、ちょっとしたことですぐにキレるようになったそうです。

会社から帰ってきて、夕御飯ができていない、お風呂が沸いていないなど自分の思うようになっていないとキレ、怒鳴る、殴る、蹴《け》るの繰り返しだったそうです。

妻が我慢できなくなったのは、暴力が子どもに向けられるようになったからです。ご飯を少ししか食べないと、おかずを子どもに投げつけて怒鳴り散らして、髪の毛をつかんで振り回したこともあったそうです。

朝もなかなか起きないと、水を掛けたり自分の手が腫れるほどお尻を殴りつけたそうです。母親が止めに入ると、母子ともに暴力が向けられてなおさら止まらなくなったそうです。父親が会社から帰ってくると緊張が走り、生きた心地はしなかったそうです。子どもが小学校２年生になったとき、弁護士に相談して離婚することになったそうです。

この息子が、中学１年生になり、乱暴な言動をとるようになったということです。お母さん曰く、父親そっくりの言い方をするようになってきたそうです。

朝も苦手で、無理やり起こすとすごく機嫌が悪く、暴れるということです。遅刻も多く、登校するのにもだらだら歩いたりしていて、すごく時間がかかってしまう。授業中は立ち歩きが多く、先生が注意すると「くそばばあ、死ね」と暴言を吐くようになったそうです。そして、体や頭を触ると顔色が変わり、人が変わったように暴力をふるうようになりました。常にイライラしていて、学校の校舎の3階の窓枠に登って注意されると「死んでやる」と威嚇するのだそうです。

私は、地元医師会が出している「発達障害を診断、治療できる医師一覧表」を母親に見せて、医師にかかることを強く勧めました。ADHD（注意欠陥多動性障害）の薬物療法が効くのではないかと思ったからです。案の定、コンサータという薬を処方されて、よく効いたそうです。

もちろん大切なのは、薬が効いているときに本人への指導をすることです。指導というのは、注意することではありません。本人ができることをさせて、「○○君も大丈夫」という体験をできるだけ多くさせることです。

ここで改めて思うのは、この父親も早期に自覚して医師の診断治療を受けていたら、不幸を一つか二つ減らせたかもしれないということです。

「自尊感情を崩壊していることを自覚すること」、DVの被害者にとっての第一歩です。「自尊感情を保つように行動化すること」、これが二歩目です。

森田ゆりさんの著書『ドメスティック・バイオレンス』（小学館）を読みました。

日米で長年にわたる女性や子どもやマイノリティの権利保護の活動をされてきた森田ゆりさんが、DVが家父長的家族においては特別なこととみなされない風潮の残る日本で初めて、本格的に「DVとは何か」「どうして加害者（多くは男性）は、暴力をふるうのか?」「DV被害対策は?」「DVを生まない社会風土の育成とは?」などなど、この問題を取り巻く社会全体を「DVは公衆衛生の問題」としてとらえて解決策を検討しています。

森田ゆりさんの視点は、DVを家庭内の人間たちだけで解決しようとすることは大変困難であり、被害者、加害者ともに社会が手を差し伸べなければ解決しないというものです。「夫婦げんかは犬も食わぬ」として、今まで深刻なDV現象が生じているにもかかわらず、夫婦間のこと、家庭内のこととして見過ごされてきました。しかし、DVという言葉が知れ渡り、単なる夫婦や恋人や家族内の怒りにまかせたケンカではなく、暴力行為であることを加害者も被害者も自覚し認識し合うようになったことで、セクハラと同じく、DVという言葉が果たした役割は大きいと思われます。

私が育った家庭環境では、あまり家族と関わるような時間のないいわゆる大手ゼネコンの企業戦士の父は、怒鳴るようなこともなく、家族の誰かに暴力をふるったことなど一度もありませんでした。だから、DVの実際の現実というものを身をもって体験したことはなく、その恐怖や悲しみなどは、相談を通じて知りました。実際にDVに遭ったことがない者としての大きな疑問は、どうして、あんなに激しい暴力をふるうほど怒りがしょっちゅう込み上げてくるのかということでした。

彼らはどうして怒りの衝動をコントロールできないのか。そして、被害者は、どうしてあんなにひどい暴力をふるう相手から逃げないのか。加害者は、逃げた被害者を執拗《しつよう》に追い回し、相手を殺したりすることまであるのはなぜなのか。

そして何より不思議なのは、DVの加害者が、DV行為をする以外は表面上まっとうな社会生活を送っていて、多くは良き市民として振る舞っているということです。

森田ゆりさんは、DVの原因は怒りではなく、怒りの衝動をコントロールできないわけではないときっぱりと言います。なぜならば、加害者が暴力を向ける相手は、会社の上司でも友人でもなく、妻であり子どもであり、自分よりも力関係において下であると思っている者に限定されていること、つまり暴力を見境なくふるうのではなく、ちゃんと相手を決めてふるっているということ。そして、それは相手を支配したいという欲求から生じて加害者の怒りの仮面の下に、彼ら自身の恐怖や悲しさ、絶望、見捨てられ不安の傷つき体験が隠されていることを、森田ゆりさんは次のように述べています。

「DVの起こる要因の核には、必ずこのコントロールへの欲求と相手との力関係の不均衡がある。DVをふるう人は、自分より力関係において弱い人しか攻撃しない」

「DV加害者の怒りの仮面は、寂しさ・不安・恐れ・自分への自信のなさ・絶望・見捨てられ不安である」

「ある人が妻を殴るのは、彼女を自分より低く、弱い劣った存在にしておきたい。自分が上に立っていたい。彼女を思い通りにしたいと思う優越性と、支配の欲求からである」

だから、DV被害をなくすためには、暴力をふるう男たちに、このような怒りの仮面の下にある、自分の傷ついた体験を自覚させることが最も重要だと指摘しています。そして、自分は相手を支配したいがために暴力をふるっているのだと認識させ、その行為に対して責任を負わせるということが必要となります。

　被害者には、DV加害者からの安全な避難場所の提供と、DV行為によって受けたPTSDの回復のためのカウンセリングなどの精神的なケアと、生活を立て直すための金銭的援助など、DVを個人で解決できない公衆衛生としてとらえ、社会全体としてDVをなくしていく運動の中でとらえなければならないと森田ゆりさんは訴えます。

　男たちをDVへ駆り立てる、強さを競い合うことが重要であるととらえる、いわゆる「マッチョ信仰」が社会からなくならない限り、新たなDV被害が生まれる土壌は温存され続けると思います。

　男も女も、どちらが上でも下でもなく、共に同じ地平に立って協力し合って生きていくことを是とする社会が実現されなければならないと思います。

「偽りの仮面（怒りの仮面）」を生まれつきの言語や社会性、感情のコントロールの弱さからくる反社会性の進行の概念からとらえ直すことは、ＤＶ、子どもの虐待などを考える上でも重要であると思います。

社会によるカウンセリング

さて、「社会によるカウンセリング」という言葉はないかもしれませんが、個人に対する個人によるカウンセリングの重要さと共に、考えてほしいことであると私は思っています。のちに暴走族を広島市民が支えていった話を例に挙げていますが、これは個人に対する社会全体のカウンセリングと位置付けてもいいんではないかと思っています。

この「個人による」と「社会による」カウンセリングという考え方が、社会的問題に対応するときは重要であると考えています。

今や、認知に凹凸のある人や発達障害のある人の問題は社会問題であり、「個人によるカウンセリング」と「社会によるカウンセリング」という両輪の対応を考える時期に来ているとも思っています。

ここで、私の長年取り組んでいる反社会性の進行への対応の話に戻しましょう。

発達障害や認知の凹凸のある人が、それまでの不適切な対応の繰り返しのために反社会性が進行してしまっているわけです。

関わる第一人者は、親、教師、家族、身近な人たちしかないのです。素手で立ち向かっても太刀打ちできません。青臭いと言われるかもしれませんが、長い間取り組んできて強く確信しているのは、科学的認識すなわち知識を豊富に持って関わっていかなければいけないということです。

経験だけでは限界があります。経験も知識の上なら身になっていくはずです。科学的認識を持たずに取り組もうというのは、優しさのまやかしです。本気で取り組むなら、まず知識を真剣に獲得することから始めるべきです。

知識を得たり、相談したりする方法として個人的にカウンセリングを受けたり発達障害の本を読んだりすることも大切ですが、発達障害の当事者やその親にとっては、限界があります。そこで社会によるカウンセリングとしての機能が重要になってきます。

現在では民間の組織として、社団法人自閉症協会、ＮＰＯ法人全国ＬＤ親の会、ＮＰＯ法人アスペ・エルデの会、ＮＰＯ法人えじそんくらぶといった友の会や親の会が、当事者による社会への働きかけという面を持っています。

このような組織に加わり積極的に情報交換をしたり、課題解決に向けて活動したりする中で知識を得て自立に向けた努力をする道もあります。
今後は、国や地方公共団体による相談機関や支援組織の整備が課題です。

広島県警と暴走族の対決に学ぶ

2001年10月3日、広島県警が暴走族に対してメッセージを送りました。
この広島県警のメッセージから社会がいかに発達障害や認知に凹凸のある人へと関わっていくかが見えてきます。

今暴走族に入っている君たちへ
広島県警は、今日から特別体制をとって、君たちと向かい合わなければならなくなった。
なぜこのようなことになったのか。君らの発する爆音にお年寄りや幼児がおびえるなど、もはや県民ががまんならなくなり、「警察は何をしているのだ」という声が大きくなったのだ。
君らもよく知っているように、県警は、暴走や泥棒をした君らの仲間をたくさん逮捕してきたが、暴走しているときは、君らがけがをしないように、慎重にやってきた。君らはそれにつけ込んで、パトカーを傷つける、物は投げつけるなどしたい放題。これを見た県民が怒るのもあたりまえだろう。

それにしても君らのやっていることは、恥ずかしいやら、あきれるやら、見ていられない。きんきらきんの特攻服を着て大勢の人に見えるところでたむろする、暴走中はべったり覆面。そんなことをしなければできないようなことに、ろくなことはない。君らは、毎月、暴力団組員に金を払っているが、暴力団に守られてまで君らは走りたいのか。

警察につかまった君らの仲間は、しばらくは目をつり上げてくってかかるが、2～3日もすれば子どもの顔にもどる。そして、なぜ族に入ったのかを話し、族の仲間だけが自分のことをわかってくれるのだ、だけど族のやっていることはこわい、だからぬけたいがそれもこわいと訴える者もいる。悪いことをやっていると皆思っているのだから、だいたいの者は根っからの悪人ではないことは我々がよく知っている。

が、これだけははっきりしている。よく聞いてくれよ。族に入っていてはだめだ、とりかえしのつかないことになりかねないぞ。族にいる限り、暴力団組員やリーダーの命令にはどんなことでもしたがわなければならない。走りたくなくても走らされる。旗竿を持たされて警察官をつつかなければならなくなる。中には犯罪をさそわれ、ことわれなくなることもある。金属バットを持たされ、なぐらなければならないこともでてくる。少しばかりの寂しさや友達思いで族に入れば、また、族をぬけると言い出せないでいると、あっという間に目のつりあがった一級の犯罪予備軍になるのだ。そこから君らの人生を失いかねないようなことをしでかしたり、反対にやられたりするのに時間はかからない。暴走族が、君らを傷つけ、一生を失わせるのだ。

我々は、君らに何の憎しみもない。ただ、警察は、法を守らない者は、だれであれ、見過ごすことが許されないのだ。君らをそそのかしている暴力団組員など許してはおかれない。君たちが、これまでのようなことを続けるのであれば、残念だが、警察も全力を尽くして対応せざるを得ない。そのときには、君らはつまらない抵抗をしてはいけない。大けがをしかねない。警察はできる限りの工夫はするが、逃げるわけにはいかないのだ。

今すぐに、これまでやったことがあれば裁きを受けて、それを機会にすっぱり、族を出よう。我々が力になろう。我々は君らと争いたくないし、何より君らに幸せな一生を送ってもらいたいと思っているのだから。

２００１年10月３日　広島県警暴走族特別取締本部

このメッセージを読まれて、どう感じましたか。

『少年事件　おとなは何ができるか』（山崎晃資編著、同人社）の中で、このメッセージが出された当時の広島県警本部長だった竹花豊さんが、「広島の暴走族問題をどう理解し、対応したか」という論文を載せています。

そこに当時の広島の状況が書かれています。抜粋してみます。

「毎週3～4日、夜11時ごろから朝の3～4時まで、暴走族が覆面をしてバイクに二人乗りし、これが数十台走り回っている。それも田舎道ではなく、広島市の最大のメインストリートをグルグル回っているのです。

するとと、市民から110番がかかってきますから、警察官がそれを追いかけていきます。でも、追いかけても、この数十台のバイクを止めることができません。無理をして止めてひっくり返ったりしたら、子どもたちはノーヘルですから死んでしまいかねません。死なせてはいけないから、思い切った追跡ができないわけです。そのため、警察はビデオを撮って、しばらく捜査を続けます。覆面をしていますから、すぐにはわかりませんが、暫くすると誰なのか特定できるので捕まえます。そういう方法で暴走族対策をしていました」

しかし、これでは現行犯逮捕していないわけですから、暴走族はなめてかかって一向に暴走行為が減らなかったそうです。

そしてついに、私たち警察は本気だよというメッセージを、暴走車両にパトカーをぶつけることで示そうとします。

それは、暴走シーンのビデオを見ながら思いついたそうです。

抜粋を続けます。

「私はビデオをジーッと見ていて、最後尾の四輪の車にパトカーをぶつけようと思いました。

『これしかない』と。

そこで、職員たちに『パトカーをぶつけよう』と言ったのですが、同席していた県警の部長たちが誰も『やりましょう』と言ってくれません。ただ一人、暴走族対策課の警部が『本部長やりましょう』と言いました。『廃車間際のパトカーがありますから』と。しかし、私は言いました。『馬鹿言え。君らが死んだらしようがないじゃないか。まだ新しい頑丈なパトカーをぶつけろ』と。

県警の暴走族対策課には40人ほどの職員がいました。頻繁に110番がかかってきて、毎週3～4回、暴走族を追尾しているわけですから、みんな腹にすえかねています。しかし、死なせるわけにはいかない。そこへ本部長が『パトカーをぶつけよう』と言ったわけですから、誰がぶつけるかと志願者を募ると全員が手を挙げたそうです。その中でいちばん冷静で運転がうまい警察官が選ばれ、ぶつけることになりました。」

この県警の真剣な取り組みに対して、広島市民も就職支援、学習支援、余暇支援といった動きで応えていきます。

こうして、暴走族を市民社会に取り戻す動きをつくっていきました。本気で関わるというのはこういうことではないかと思います。当然、リスクも自分で受け持たなければいけないと思うのです。自分には関係はないからとか自分の責任ではないからという姿勢では、関わってもうまくいくわけはないのです。

この広島市民が行った就職支援、学習支援、余暇支援こそ社会によるカウンセリングであると思います。

そして、この問題は発達期の子どもだけの問題ではなく、大人も含めた問題であり、大切なのはそのような問題を抱えた人たちを排除しないということなのです。

発達障害を見捨てない社会

迷い苦しんでいる子どもたちや大人たちを排除しないとはどういうことか。

私はかつて広島市の中心部に位置する中学校で生徒指導の仕事を長くしていたので、実際に教え子が暴走族となっていく姿をたくさん見ています。

みんな、友達をつくれない一人ぼっちの子どもでした。本当の友達ができない分、暴走族に身を寄せていった子どもたちでした。今思えば、認知の凹凸や発達障害のある子どもたちがたくさんいました。子どもだけではありません。今後、大人の問題がもっともっと表面化してくると私は考えています。

特別支援教育の開始、発達障害への理解の浸透により、発達障害と診断される子どもへの対応はより充実していくことでしょう。しかし、発達障害と診断を受けるほどではない、認知に凹凸のある子どもは、自覚しないまま大人になっていきます。学校教育を修了した頃から、複雑で予測不能であり、かつ白黒と答えがはっきりしない現実の世の中を生きていく中で、この認知の凹凸が垣間見えてきます。

私たちの周りには、友達ができない、仕事がうまくこなせない、生きていくのが辛いと悩んでいる大人もたくさんいます。

今まで述べてきた発達障害や認知に凹凸のある人をどうとらえていくかということは、皆さんの周りにいる、迷い悩んでいる子どもや大人たちへの視点を変えるはずです。

人を変えるのは難しいし、ひょっとしたら無理なことかもしれません。しかし、自分を変えることは誰にでもできます。

自分を変えるということは、他人に対して理解するということです。他人の行動、他人の思考、他人の言葉を理解するということなのです。そして、他人へのまなざしを変えるということにつながっていくことなのです。

私にとっての発達障害への関心の入り口は、非行・問題行動への取り組みからです。

発達障害を、非行・問題行動との絡みでずっと見てきました。だから、反社会性の進行のメカニズムや対応に強い関心を持っているのです。他の発達障害の実践者や研究者と大きく違うのは、この点ではないかと思っています。

したがって、この本でも反社会性の進行を中心的に論じてきました。私は、中学校で生徒指導をしていた当時を常に振り返りながら、発達障害や認知に凹凸のある人に関する研究や講演をしています。

当時、私はまだ若く、本気で子どもを変えてやろうと思い、変えることができると思っていました。そして、変えることができずに悩んでいました。したがって、自分を変えることもできなかったわけです。

今から思えば、私が教師となった1985年当時から中学校で生徒指導をしていた2000年前後頃に暴走族となっていった生徒のほとんどが、認知に凹凸があったり発達障害のある子どもだったと今では確信しています。しかし、当時は発達障害に関してあまり知られておらず、非行との関係も明らかになってなかったため、私たちはこの子どもたちを追い込んでいくことを指導と言っていました。

結局、自分がやるべきことをやらず、考えるべきことを考えずに、子どもたちを変えてやろうという意気込みだけで空回りしていたのです。

そして結局、警察の力に頼らざるを得ないところまでいくことになっていったのです。

これらの子どもたちの多くは、学力も小学校低学年段階から低かったり、友達づくりも苦手だったりする子どもでした。また、授業中の立ち歩き、忘れ物、衝動的なケンカなどを頻発するような子どもが多くいました。

今なら、ＡＤＨＤ（注意欠陥多動性障害）やＬＤ（学習障害）、自閉症スペクトラムといった知見を導入して課題解決の糸口を探っていたと思いますが、当時は非行・問題行動として追い込んでいき、警察を導入するといった指導をしていたのが正直なところです。

私は、警察の導入を否定しているのではありません。むしろ、思春期を迎えて不適切な対応の結果、二次障害としてのＤＢＤマーチを進行している状況においては、反社会性の進行を止めるために警察を通じて社会的責任を負うというのは、当事者にとって分かりやすくて適切な指導ではないかと考えています。

しかし、誤解してほしくないのは、何度も書いているように早期発見、早期認知、早期療育が重要であり、早い段階で教師、親、身近な人間で協力して支える関係をつくり、非行・問題行動、そして犯罪に至る前に食い止めることこそ最も大切なことではないかと考えます。

子どもが悪い、いくら取り組んでも良くはならないという考えを持っている今の自分を変えて、子どもだけでなく周りの大人とも関わっていくことでしか解決はありません。

そこで、まず大切なことは、この本でも述べてきたように、発達障害や認知に凹凸のある人たちに対する科学的認識を持つことです。できるだけ多くの人が、この知見を持つことで、発達障害や認知の凹凸のある人たちを社会全体で支えていけるようになるのです。

発達障害に対する科学的認識は、教育関係者や公務員、医師など公共性の高い職業についている方や子どもを持つ親には必須のものだと思っています。

そして、その上にそれぞれのレベルで適切な対応を行うことが当たり前と誰もが思うような社会になることが、誰にとっても優しい社会になることなのではないかと思っています。

現段階では、反社会性が進行しＤＢＤマーチに乗っかってしまった場合、少年の保護更生を公権力で行う必要性を強く感じています。そのためには、発達障害や認知の凹凸のある子どもたちへの適切な対応を考慮した少年法の整備や、少年更生の制度的充実が絶対条件です。21世紀が終わるまでに、発達障害や認知の凹凸といった知識が、一般的な常識となることが、誰にでも優しい社会の形成の第一歩であり、共生社会であるための絶対条件だと考えています。

発達障害が少年犯罪を引き起こすのではない

『大人たちはなぜ、子どもの殺意に気づかなかったのか？』（草薙厚子著、イースト・プレス）34ページの表を次ページに引用します。１９９９年から２００９年までの加害者少年がＰＤＤ（広汎性発達障害）だった主な事件をまとめたものです。

この表の事件の中には、皆さんの記憶に残っているものが多数あるのではないかと思います。この中には、テレビなどで衝撃的な映像として映し出されたものもたくさんあります。

表7−1　加害少年がPDDだった主な事件

年	加害者の年齢	事件名	場所
1999	29歳	全日空機ハイジャック事件	東京湾上空
2000	17歳	佐賀バスジャック事件	中国自動車道
	17歳	豊川主婦殺害事件	愛知県豊川市
	17歳	岡山金属バット母親殺害事件	岡山県邑久郡
2001	29歳	レッサーパンダ帽男事件	東京都台東区
2003	12歳	長崎男児誘拐殺人事件	長崎県長崎市
2004	11歳	佐世保小六女児同級生殺害事件	長崎県佐世保市
	14歳	同級生母親殺害事件	北海道石狩市
	17歳	小学校教員殺害事件	大阪府寝屋川市
	22歳	大阪姉妹殺人事件	大阪市浪速区
	23歳	同志社大生塾講師小六女児刺殺事件	京都府宇治市
	16歳	町田市同級生失恋殺害事件	東京都町田市
	19歳	金沢夫婦刺殺事件	石川県金沢市
2005	16歳	静岡タリウム少女母親毒殺未遂事件	静岡県伊豆の国市
	23歳	大阪市姉妹殺害事件	大阪市浪速区
2006	16歳	奈良エリート少年自宅放火殺人事件	奈良県田原本町
	22歳	延岡高校生殺傷事件	宮崎県延岡市
2007	35歳	小田原母弟刺殺事件	神奈川県小田原市
2008	21歳	渋谷妹バラバラ殺人事件	東京都渋谷区
	18歳	岡山駅ホーム突き落とし事件	岡山県岡山市
	19歳	奈良大和郡山父親斧殺害事件	奈良県大和郡山市
2009	18歳	大阪富田林高一バット殺害事件	大阪府富田林市

私は広島市に住んでいますので、２０００年に中国自動車道で起こった「佐賀バスジャック事件」の映像は今も鮮明に残っています。ゴールデンウィークのさなかに起こっており、自宅近くに高速道路の広島インターチェンジがあり、道路がすごく混んでいました。

テレビには、私もよく立ち寄る広島県内にある小谷サービスエリアの光景が映し出されていました。確かこの少年は、刃渡り40センチの牛刀をちらつかせていました。機動隊がバスに乗り込み、この少年を取り押さえる際に、隊員の方が足を切られるということも起こっています。『佐賀バスジャック事件の警告――孤立する家族、壊れた17歳』（町沢静夫著、マガジンハウス）によると、この少年はいじめに遭遇し、家庭内暴力で家族を悩ませていた中学生時代を過ごしています。

高校受験が目前に迫った１９９８年1月、クラスメイトの挑発を受けて踊り場から飛び降りるも、着地に失敗して重傷を負い、入院しました。病室で受験をして高校には合格しましたが、入学後すぐに中退しています。不登校となった少年は、親にパソコンをねだり、インターネット掲示板「2ちゃんねる」に寝食を忘れるほど熱中し、家庭内暴力はますます悪化することになります。そして、さまざまな経緯を経て、精神科病院に入院することになりました。このあたりの詳しい経過は前掲の本を参考にしていただきたいと思いますが、私が注目したいのは、入院後のこの少年の言動です。

入院が決定したとき、少年は親を絶対に許さないと発言していたのですが、実際に入院すると、医療スタッフや他の入院患者たちに礼儀正しく、家庭内暴力で家族を悩ませていたとは思えないほどしっかりしていたということです。

やがて、少年と親と医者と話し合いの上で、少年の外出許可が出ます。そして、病院に帰ってから、前掲の表にもある「2000年　豊川主婦殺害事件」を知り、少年は手記に豊川主婦殺害事件の少年犯をほめたたえ、自分も早く彼のようになりたいと書いています。この手記の内容をまったく知らなかった医者は、少年の外泊許可を出してしまいます。

帰宅した少年は当初、自分がいじめを受けていた母校の中学校において無差別殺人を行う予定でしたが、ゴールデンウィークで休校だったため、バスジャックを実行することにしたのでした。

こうした一連の少年の言動から、他の少年事件とも共通した要素が浮かび上がってきます。過去に受けたいじめが鮮明に視覚的、感覚的に想起されていたり、インターネット上のバーチャルなやり取りと現実との区別があいまいだったり、衝動的に恨みを晴らす行動をとりながらもその対象が無差別であったりという点が、これらの一連の少年事件に共通しているのです。

これらの事件を起こしている少年たちはその成長の過程で反社会性を進行させていったという事実を分析し、そのメカニズムを明確につかむことにより反社会性の進行を止める方法を検討することが重要であり、さらには少年犯罪の抑止につながると私は考えています。

私は、仕事上、この10年間に広島県内の発達障害のある子どもにたくさん出会っています。そして、親や教師たちから事情を聞いています。数にしたら何百人というレベルでしょう。

どの子も純粋なお子さんです。発達的に課題があるということは、世の中のいろいろな世事に混ざらないということではないでしょうか。すなわち、純粋さを保ってきているのです。また、どの子どもも感受性の強いお子さんです。傷つきやすくて壊れやすい印象を、どの子からも受けます。

少年犯罪の原因を発達障害に求めるのは、間違いです。ここにはっきり、声を大にして言います。発達障害に原因を求めるのは、少年個人だけに責任を押し付け、我々大人や社会の責任を回避しようとする欺瞞《ぎまん》です。

責任は、社会にあるのです。親も含めて周りの大人にあるのです。早期に発見して適切に対応すれば、自立して革新的な社会の形成者ともなる可能性を秘めた少年たちです。それを台無しにしているのは、社会であり周りの大人たちです。

本書で世に問いたいと思ったのは、この社会の責任を果たすための最初のステップである「発達障害に対する正しい科学的認識を持つ」ために、分かりやすく、リアルに自分の問題としてとらえてもらえるように、広く一般市民に語りかけたいと思ったからです。

少年犯罪をなくすためには、少年に優しいまなざしを向けることです。時には厳しい指導をする必要があるかもしれません。しかし、それも優しさに裏打ちされたものでないと力を持ちません。

優しさを取り戻す第一歩は、「発達障害に対する正しい科学的認識を持つこと」です。「知識のない愛は力にはならない」のです。

おわりに

私が大学を卒業してすぐに教師となって教壇に立ってから、30年が過ぎました。今は、授業もしていますが、先生方や親、一般市民の方へ講演をしたり、発達障害についての当事者や保護者の方からの相談を受けたり検査をしたりして、仕事の幅が大きく広がっています。

今までたくさんの子どもたちや親、そして同僚の先生方と貴重な出会いをしてきました。また、数年前までは指導主事として教育行政の立場からたくさんの校長先生方と学校経営の話をしたり、一般市民の方からのクレームにも対応したりと、いろいろな視点で学校や社会を見つめてきたつもりです。

この10年間は、最初は年に数回でしたが、ここ4、5年は毎年100回近くの講演を行って、発達障害や特別支援教育についてたくさんの方々にお話ししてきました。

そんな中で、多くの方々から「本はないのか」「もう一度ゆっくり文章で読んでみたい」という声を聞きました。早く本を書かなければと思いながら、2、3年が過ぎてしまいました。

一念発起していざ書き始めてみると、あれも書きたい、これも書きたいといろいろなことが頭に浮かんできて、絞り込むのが大変でした。

そこで、原点に返って、講演会で皆さんにお話ししている内容を掘り下げることにしました。私の講演を聞きに来てくださる方々の中には、わが子の発達障害に悩んでいる方がたくさんいます。また最近では、大人の発達障害ということで本人が悩まれている方も増えてきました。

わが子の発達障害で悩んでいる方には、もう一度わが子が生まれたときの子どもを思う親の気持ち、すなわち見返りを求めない慈愛に満ちた優しさを取り戻してもらって、もう一度わが子を見つめ直してほしいと思って書き続けました。

大人の発達障害の方には、自覚する大切さを訴えました。自分を責めて、自分を攻撃する状況から早く脱却して、自分に対しての優しさを取り戻してほしいと考えて書き続けました。

この本は、単なる発達障害についての解説書ではありません。すべての人間が優しさを取り戻すためのバイブルとなればと思っています。

また、私が何十年にもわたってやってきたことを世に問いたいと思っています。

皆さんからの感想やご意見などを聞かせていただき、今後の教育活動、相談活動、講演活動、そして次の執筆に生かしていきたいと考えています。

さて、最後に今後の展望について書きたいと思います。

日本において少子化にストップがかかりません。一人の赤ちゃんへの期待も以前とは比べものにならないほど高いものであり、世のお母さん方は「失敗できないプレッシャー」に自分を見失っているようにも思います。

最近のお母さん方を見ていると大変そうであり、かわいそうにさえ思えるのは私だけなのでしょうか。

昔は医療技術の低さや出産・成育環境の問題で、命を落とす赤ちゃんや子どもが大勢いました。しかし今は医療技術の発展で、生き死ににつながるような問題はほぼ解決されています。そして、少子化によって子どもの数は劇的に減り、子どもに向けられる目は「元気であればいい」というものから「いかに高みに向けて育てるか」に移ってきたのかもしれません。

子育てに関する情報も氾濫していて、何が真で何が偽りかの判断ができないほどになっています。発達障害をめぐる今の動きなどはまさに情報過多の状況であり、学校の先生方も保護者の方々も整理のつかない状況なのかもしれません。

子どもを「よく見る」とは、今や「他の子どもと比べて言葉が遅い」とか「他の子どもができることができない」というように欠点を見つけることになっています。

でも実際は、子どもを「よく見る」とは子どもを「見守る」ことだったり、子どもを「待ってあげる」ことだったりしたはずです。「大目に見る」ということです。昔の「お母ちゃん」

は普通に子どもをほっておいてくれました。

本書で論じた「アメとムシ」は、そのことを皆さんに分かってほしいと思い編み出した一編です。

この本を読み終えた方々の感想の中には、ひょっとしたら「みんな発達障害じゃないのか」という感想を持たれた方がいらっしゃるかもしれません。逆説的かもしれませんが、大小、多少はあるかもしれませんが「みんな認知の凹凸を持っている」というのが、検査者としての私が持っている実感です。

したがって、発達障害児に対する教育や大人の発達障害に対する対応は、実は発達障害のある子どもや大人にだけ有効なものではなく、すべての人たちに有効なものです。さらに、ひょっとしたら、認知に歪《ゆが》みや偏りの少ない人に対しての方が有効の度合いが高いかもしれないのです。

そうなってくると、この本で論じてきた発達障害の論考の先にあるのは、もう一度発達障害に対する教育や子育てという観点を取り払い、一般の教育や子育てを考え直すということになるのではないかと考えています。

例えば、教育の世界で言えば「特別支援教育」が2007年にスタートしたわけですが、将来その先にあるのはその役割を終えて「特別支援教育」が終焉《しゅうえん》するようになるのではないかと思っています。それは、教育の世界そのものがパラダイム変換して、今までとまったく違ったすべてのものを包み込むような大きくて温かいものに生まれ変わることを意味しています。

読者の皆さんにとって、本書で訴えた発達障害をめぐる論議が、日本の子育て・教育・家庭の在り方・児童虐待・DVを見つめ直すきっかけとなればと思います。

出版にあたり、多くの方々から支援をいただきました。

幻冬舎ルネッサンスの栗田亘さんをはじめスタッフの皆さんには、本当に感謝しています。また現在80歳になる母から、たくさんの助言をもらいました。長年看護師として働き、私と弟の二人の息子を育て上げた母親です。

私は、1890gの低出生体重児で生まれました。幼児期は、多動でデパートの食堂で走り回り、転んでけがをして救急車で運ばれることが3度もありました。生まれたばかりの私を真綿で包み、桐の箱の中に入れて大切に育ててくれた母です。「良い子だ、良い子だ」といつも優しくほめてくれました。

一人の発達障害のある子どもの母親が言った「子どもを殺して自分も死のうと思いました」という言葉にこだわってこの本を著したのも、私の母が導いた仕事のように思えて仕方がありません。

今改めて、すべての子どもたちが、健やかに明るい未来に翔び立ってほしいと願っています。

この本を母　静江に捧げます。

２０１２年３月

竹内　吉和

著者紹介

竹内吉和 （たけうち　よしかず）

昭和34年広島県出身。広島大学総合科学部、法学部卒業。広島修道大学法学研究科国際政治学専攻修了。広島市立大学国際学研究科教育経営学専攻博士後期課程満期退学。特別支援教育士スーパーバイザー。特別支援教育専門家チーム委員。教育委員会主任指導主事を経て特別支援学校に勤務。講演、教育相談、発達障害者の就労支援などの活動を行う。特別支援教育や国際人権論に関する論文がある。

幻冬舎ルネッサンス新書 059

GENTOSHA RENAISSANCE

発達障害《はったつしょうがい》と向《む》き合《あ》う

2012年4月25日　第1刷発行
2012年7月30日　第7刷発行

著　者　竹内吉和
発行者　小玉圭太

発行所　株式会社 幻冬舎ルネッサンス
〒151-0051 東京都渋谷区千駄ヶ谷4-9-7
電話 03-5411-6710
http://www.gentosha-r.com

ブックデザイン　田島照久
印刷・製本所　中央精版印刷株式会社

ISBN978-4-7790-6061-8 C0295